Michael Buchinger

ALLE JAHRE NIE WIEDER

Alles, was an Weihnachten tierisch nervt

Illustriert von Inka Hagen

WILHELM HEYNE VERLAG
MÜNCHEN

Penguin Random House Verlagsgruppe FSC® N001967

Originalausgabe 9/2022

Copyright © 2022 by Wilhelm Heyne Verlag, München,
in der Penguin Random House Verlagsgruppe GmbH,
Neumarkter Straße 28, 81673 München
Redaktion: Dr. Henning Thies
Illustrationen im Innenteil: © Inka Hagen www.inkahagen.de
Umschlaggestaltung: wilhelm typo grafisch
unter Verwendung von Shutterstock.com/DinosArt
und eines Fotos von Dominik Pichler
Satz: Satzwerk Huber, Germering
Druck: GGP Media GmbH, Pößneck
Printed in Germany
ISBN: 978-3-453-60643-2

www.heyne.de

Inhalt

Vorwort:
Darf man Weihnachten hassen?

Liebe Leser*innen,
meiner Meinung nach gibt es zwei Arten von Menschen auf dieser Welt: Jene, die Weihnachten genauso sehr hassen wie ich, und jene, die absolut einen an der Waffel haben. Vielleicht fallt ihr ja in die zweite Kategorie und geratet absolut in Ekstase, sobald ihr bereits im September Lebkuchen im Supermarkt um die Ecke entdeckt, und seht es als offene Einladung, ab sofort löffelweise Zimt und Lebkuchengewürz in euren Morgenkaffee zu kippen. Keine Sorge, es ist noch nicht zu spät für euch: Ich, Michael Buchinger, bin hier, um euch zu helfen.

Als ich noch jung und naiv war, fand auch ich die Weihnachtsfeiertage ganz fantastisch. Ich konnte es kaum erwarten, endlich Weihnachtsferien zu haben und festlich gekleidet im Schnee herumzutollen, wie Mariah Carey im »All I Want for Christmas«-Musikvideo. Doch im Erwachsenenalter haben mich überfüllte Einkaufsstraßen, Stress mit alkoholisierten Verwandten, die einfach nicht wissen, wieviel Eierlikör sie trinken können, ehe sie mit wüsten Verschwörungstheorien ins Feld rücken, und all die Hasspunkte, die ihr auf den nachfolgenden Seiten findet, zu dem Weihnachtshasser gemacht, der ich heute bin.

»Weihnachten hassen? Darf man das denn überhaupt?«, fragt ihr euch bestimmt, während ihr ein Kreuzzeichen macht und verstohlen einen Blick gen Himmel richtet. Ja, darf man! Grundsätzlich mag der Heilige Abend ja ein ganz netter Feiertag sein, an dem auch ich schon mal beschwingt mit dem Fuß zu Weihnachtsmusik gewippt und mir noch ein Stück Christstollen gegönnt habe, aber viel eher ist es das Drumherum, das mich zu einem regelrechten Grinch werden lässt. Warum der monatelange Hype um einen einzigen Tag, der im Endeffekt schneller vorbei ist, als man »Hast du die Rechnung aufgehoben?« sagen kann?

Ich persönlich mag ja den Tag der Arbeit (vor allem aber, weil ich den 1. Mai für einen perfekten freien Tag halte, an dem auch die Freibäder öffnen und ich endlich faul am Wasser liegen kann, wie ein angeschwemmter Wal), aber ich fange auch nicht schon drei Monate vorher an, unentwegt darüber zu reden und meinen erweiterten Freundeskreis panisch zu fragen, ob wir es wohl schaffen, uns noch vor dem Tag der Arbeit zu sehen. Chillt alle mal ein bisschen! Ginge es nach mir, würde ich am 24.12. um 18 Uhr mal kurz von meinem Smartphone aufblicken, um feierlich eine Wunderkerze zu schwingen und mit Champagner anzustoßen und es dann wieder für ein Jahr gut sein lassen.

Dieses Buch ist mein Plädoyer für den Weihnachtshass. In 9 Kapiteln mit Überthemen von »Geschenke« bis hin zu »Soziale Medien« findet ihr all die Gründe, warum ich Weihnachten für die anstrengendste Zeit des Jahres halte, sowie ein paar gut gemeinte und erprobte Tipps, die euch dabei helfen sollen, einen kühlen Kopf zu bewahren, wenn euch Tante Irmi abermals fragt, ob ihr denn »noch immer

Single« seid. Und weil ich so eine kleine Plaudertasche bin, gibt es in diesen Seiten außerdem auch ein paar längere, winterliche Anekdoten aus dem Hause Buchinger, bei deren Lektüre euch mit Sicherheit bitterkalt ums Herz wird.

Vielleicht kann ich euch ja zu einer regelrechten Erleuchtung im Sinne des Weihnachtshasses verhelfen, oder euch zumindest zeigen, dass wir die Feiertage nicht so wahnsinnig ernst nehmen müssen, wie uns das die Medien und manche Weihnachtsliebende Mitmenschen (denen ich übrigens einen eigenen Hasspunkt widme) immer weismachen wollen. Und wenn ihr das Weihnachtsfest nach Lesen all meiner Hasspunkte noch immer total toll findet, darf ich euch gratulieren: Ihr habt wohl wirklich einen an der Waffel!

Festliche Grüße,
euer Michi

1. Traditionen & Bräuche

Als ich noch ein Kind war, hatte ich doch tatsächlich einmal die Chuzpe, die Weihnachtstraditionen meiner Familie zu hinterfragen. »Mama, warum fahren wir zu Weihnachten eigentlich jedes Jahr zu Oma, wo es immer den gleichen Schinken, dieselben Gäste und dasselbe Geschenkpapier wie im Vorjahr gibt?«, wollte ich wissen – nicht zuletzt, da meine Oma tatsächlich dafür bekannt war, Geschenkpapier zu glätten und es, weil es definitiv noch gut war, für das Folgejahr aufzuheben. Meine Mutter musste nicht lange überlegen: »Weil wir das schon immer so machen – es ist eine Tradition!«

Ach ja, was wäre Weihnachten bloß ohne Traditionen, diese steinalten, festgefahrenen Regeln, von denen man keineswegs abweichen darf? Klar: Je älter ich werde, desto mehr weiß ich manche Traditionen zu schätzen, aber nicht – wie man vermuten möchte – aus nostalgischen Gründen. Wir alle haben viel zu tun, besonders in der Weihnachtszeit, und da finde ich es wahnsinnig entspannend, mein Gehirn einfach auf Autopilot stellen zu können, indem ich zum dreihundertsten Mal »Michis traditionelle Schokobrownies« backe und mir dabei »Michis traditionellen Weihnachts-Martini« gönne, bevor ich am Sofa einschlafe und es ganz traditionell ansabbere. Manche Dinge ändern sich einfach nie, und welche Traditionen und Bräuche ich ganz besonders hasse, verrate ich euch in diesem Kapitel.

Ich hasse Weihnachtsmärkte und halte sie für ein kleines Sneak Preview auf die Hölle. Ich verstehe es einfach nicht! Noch nie in meinem ganzen Leben habe ich mir während der ohnehin schon stressigsten Zeit des Jahres gedacht »Hey, lasst uns unterdurchschnittlich gut essen und trinken, aber nicht in einem beheizten Lokal wie normale Menschen, sondern bei minus zwei Grad im Freien, inmitten von Hunderten Fremden!«

Besonders bei Freunden, die am Land leben und aus mir unerfindlichen Gründen großen Spaß daran haben, in der Vorweihnachtszeit in die Stadt zu fahren, um dort ihre latente Alkoholsucht zu befriedigen und danach im Suff überteuerten, »handgemachten« Ramsch zu kaufen, erfreuen sie sich großer Beliebtheit.

»Lass uns Punschen gehen!« schreiben sie mir dann, und allein beim Lesen dieser fürchterlichen Wortneuschöpfung stellen sich mir schon alle Haare auf. Da ich hie und da doch darum bemüht bin, zumindest wie ein guter Mensch zu *wirken*, begleite ich meine Freunde trotz meines Unverständnisses oft auf Weihnachtsmärkte – dann jedoch stets mit der leisen Hoffnung, dass sie es ebenfalls fürchterlich finden und ich im richtigen Moment ein böses »Ich hab's ja gleich gesagt!« einstreuen kann, um ihnen ein für alle Mal zu veranschaulichen, dass ich meistens Recht habe.

Bibbernd stehe ich dann auf einem vollen Weihnachtsmarkt und nippe an einem viel zu süßen Heißgetränk, für das ich 10 Euro bezahlt habe (»Mit Pfand!«, sagte mir die Verkäuferin

Mit Pfand!

zweifelsohne angesichts meiner schockierten Miene, aber warum sie denkt, dass die hässliche Weihnachtstasse, die sie mir in die Hand gedrückt hat, 4 Euro wert sei, ist mir schleierhaft), und warte darauf, dass meinen Mitmenschen wie Schuppen von den Augen fällt, dass Weihnachtsmärkte fürchterlich sind.

Leider muss ich euch berichten, dass es mir noch nie gelungen ist, auch nur eine Person aus meinem Umfeld von ihrer Weihnachtsmarkt-Liebe abzubringen. Ganz im Gegenteil: Die meisten meiner Freundinnen haben dort den Spaß ihres Lebens und betonen nach zwei Stunden (während denen sich langsam aber sicher so lange Eiszapfen an meinem Schnurrbart bilden, dass es mich nicht wundern würde, wenn mich die betrunkenen, mich ständig anrempelnden Touristen für ein Robben-Maskottchen hielten und Fotos mit mir machen wollten), dass wir das bald wieder machen müssen. Wirklich, Bianca? Müssen wir? Nach zwei Tassen Punsch bin ich nicht nur bereit, nach Hause zu gehen, sondern auch, mich auf dem Weg dahin in eine Mülltonne zu übergeben. Ich überlege, ein Lebkuchenherz zu kaufen, auf dem riesengroß »NEIN!« steht, und meinen Freunden entgegenzuwerfen. Stattdessen fasse ich den verfrühten Neujahrsvorsatz, mir vielleicht ein paar neue Freunde zu suchen. Das Pfand für meine hässliche, völlig verklebte Tasse hole ich mir übrigens nie zurück. Ich gebe sie lieber einem Bettler, um mich zumindest für zwei Sekunden so zu fühlen, als hätte ich meine Zeit hier ansatzweise sinnvoll genutzt.

Warum müssen Weihnachtsmärkte immer pünktlich an Weihnachten aufhören, wo wir sie doch gerade danach bitterlich benötigen würden? Hallo? Was habt ihr denn für einen fürchterlichen Geschäftssinn? Für dieses Paradies an Alkohol und fettigem Essen sind wir im Dezember *natürlich* alle zu beschäftigt, aber im tristen Januar, in dem es gefühlt nichts zu tun gibt, als sich mit sich selbst zu beschäftigen, würde ich dieses Las Vegas des kleinen Mannes sehr begrüßen und mich nur allzu gerne mit Alkohol volllaufen lassen, ehe ich betrunken Karussell fahre.

Ich hasse Leute, die sagen: »Da gibt's den besten Glühwein«. Wie oft bin ich schon auf ihre Masche reingefallen? Mit diesen Worten schleppen mich Freunde an einen total abseits gelegenen Weihnachtsmarkt, für den ich erst mit der ekelhaftesten U-Bahn bis an die Endstation fahren und dann auch noch einen Bus in einen Vorort Wiens nehmen muss, nur um festzustellen, dass der Glühwein auf diesem »Weihnachtsmarkt für absolute Insider« genauso scheiße schmeckt wie überall anders auch.

Mich nervt, dass an Weihnachten gesungen wird. Keines meiner Familienmitglieder kann singen und daher tun sie es an 364 Tagen im Jahr auch einfach nicht. Ich bin die einzige Ausnahme: Nein, ich kann auch nicht singen und treffe keinen einzigen Ton, aber das hat mich noch nie daran gehindert, es trotzdem zu tun, wie euch vor allem meine unschuldigen Beifahrer berichten können. Sie hören »Mitfahrgelegenheit nach Wien«, aber ich höre »zweistündiges Live-Konzert von Michi Buchinger – die Hits von Adele neu interpretiert und so richtig malträtiert!«. Obwohl meine gesamte Familie wirklich nicht mit Gesangstalent gesegnet wurde, singen wir uns an Weihnachten das Herz aus der Seele, als wären wir die Von-Trapp-Familie. Warum? Können wir nicht – wie alle untalentierten Popstars – einfach eine Platte auflegen und dazu Playback singen?

Ich hasse Kinderchöre. Dass es an Weihnachten völlig normal ist, Chöre mit hellen Kinderstimmen andächtige Songs singen zu hören, dient mir nur als weiteres Indiz dafür, dass viele Traditionen eigentlich der irren Fantasie eines grausamen Serienmörders entsprungen sind. Es tut mir leid, aber Kinderchöre könnten nur noch gruseliger sein, wenn die Kinder in Clowns-Make-up auftreten und in einer Hand ein frisch geschliffenes Messer halten würden.

Ich hasse die Heiligen Drei Könige. Abgesehen von dem offensichtlich sehr problematischen Blackfacing, finde ich es auch etwas bedenklich, dass diese Rasselbande an Kindern immer in den unpassendsten Momenten aufkreuzt –

wie eine neugierige Nachbarin in einer Sitcom –, dann in schiefen Tönen etwas singen, die Eingangstür ankritzeln und zu allem Überfluss auch noch Geld für diesen Hausfriedensbruch wollen. Geht's noch? Nicht selten verbringe ich die erste Woche eines neuen Jahres in einem Ferienhaus im Wald, abseits der Zivilisation, und bekomme jedes Mal den Schreck meines Lebens, wenn plötzlich die Heiligen Drei Könige im Garten stehen und stürmisch gegen das Fenster klopfen. Entschuldigung, könnt ihr vielleicht bei der *Eingangstür* anklopfen, wie jeder normale Mensch, anstatt direkt ins Fenster zu spannen, wie ein Lustmolch in einem *Playboy*-Cartoon aus den Siebzigern? Manche von uns haben ein aktives Sexleben und wenn ihr 15 Minuten früher gekommen wärt, hättet ihr mich womöglich in einer Position vorgefunden, bei der euch bestimmt der Weihrauchkessel aus der Hand gefallen wäre.

Noch mehr gehen mir jedoch die Spendensammler der Feuerwehr auf die Nerven, die nicht nur Geld wollen, sondern (zumindest in ländlichen Regionen) auch darauf bestehen, ins Haus gebeten zu werden und einen Schnaps angeboten zu bekommen, woraufhin man sich gezwungen sieht, während des Trinkens ganz unangenehmen Smalltalk mit ihnen zu machen, was leider gar nicht zu meinen Stärken zählt. Ohne Zweifel stelle ich dann nur dumme Fragen wie »Und … ein paar gute Feuer gelöscht in letzter Zeit?«, ehe sie wieder gehen und ich jetzt schon den Tag im nächsten Jahr fürchte, an dem sie wiederkommen.

Ich hasse Weihnachts- und Neujahrs-SMS, ganz besonders, wenn sie nichts Persönliches enthalten, sondern nur aus den Worten »Frohe Weihnachten und ein schönes neues Jahr!« bestehen, was darauf hindeutet, dass ich einer von 117 Empfängern bin. Können wir uns einfach still einig sein, dass wir alle einander frohe Weihnachten und ein glückliches neues Jahr wünschen, ohne die Inbox des anderen zu überfluten? Ich würde einfach den Spieß umdrehen und es alle Leute, denen ich *nicht* alles Gute wünsche, in einer SMS wissen lassen. »Laura — ich wünsche dir miserable Weihnachten und nur das Schlechteste für das kommende Jahr!«

Weihnachtskarten sind nicht besser. Eines Jahres dachte ich mir, es sei eine sehr elegante und überaus erwachsene Idee, Weihnachtskarten mit handgeschrieben Grüßen an sämtliche Freunde, Verwandte und Geschäftspartner zu schicken. Bereits im November mieteten mein Freund und ich ein Fotostudio, machten süße Pärchenbilder, in denen ich Lametta wie ein Lasso um ihn gewickelt hatte, ließen das schönste Foto als Karte drucken und schickten sie mit ein paar persönlichen Zeilen an 75 Menschen aus unserem Umfeld. Die Idee war ja grundsätzlich ganz nett und brachte mich auch gut in Weihnachtsstimmung, bloß hatte ich nicht bedacht, dass ich diese neue Tradition jetzt wohl *jedes verdammte kommende Jahr* aufrechterhalten musste. Im Jahr darauf war mein Leben schon um einiges stressiger, weswegen wir erst in der zweiten Dezemberwoche Zeit für einen Fototermin hatten und aus der Weihnachtskarte eine »Frohes neues Jahr!«-Karte wurde. Im dritten Jahr druckten wir einfach ein altes Instagram-Foto aus und schickten es ohne persönliche Zeilen an unseren Verteiler, bevor wir die neue Tradition im vierten Jahr völlig aufgaben, was bei Freunden und Verwandten vor allem den Verdacht auslöste, dass wir uns entweder getrennt, oder sie eiskalt von unserer Weihnachtskarten-Liste gekickt hatten (eigentlich ein strategisch kluger Move, um meine Freunde so richtig auf Trab zu halten: Tja, wenn du dieses Jahr netter zu mir bist, bekommst du vielleicht auch wieder eine Karte, Simon!). Mein dringlicher Rat an euch ist daher, gar nicht erst mit diesem Humbug anzufangen.

Umgekehrt freue ich mich natürlich immer, Weihnachtskarten zu erhalten, besonders von befreundeten Familien, da ich dadurch sehen kann, wie groß die Kinder und wie dick oder alt die Eltern geworden sind. Ein Genuss! Leider muss ich allerdings zugeben, dass ich sie nicht sonderlich lange aufhebe. Noch nie habe ich mir gedacht: »Juhu, eine Weihnachtskarte! Toll, dass ich letztens erst diesen Rahmen gekauft habe, ich werde das Foto der Familie einrahmen und aufhängen, damit ich es mir jeden Tag ansehen kann!« Nein, die meisten Weihnachtskarten bewundere ich kurz und platziere sie für maximal zwei Tage dekorativ auf einem Tisch, ehe sie direkt in den Papiermüll wandern. Ich glaube, es wäre besser für die Umwelt, wir würden unsere Weihnachtsbilder einfach auf Instagram posten.

Ich hasse es, dass während der Weihnachtsfeiertage alles geschlossen hat. Da ich am Land aufgewachsen bin und viele meiner Kindheits- und Jugendfreunde mittlerweile in ganz Europa verstreut leben, finde ich es immer schön, wenn sich während der Feiertage alle wieder in unserem Dorf einfinden und treffe meine Kumpel gerne zu Kaffee und Kuchen. Wenn ich völlig ehrlich bin, sind wir aber alle nicht sonderlich scharf darauf, im Elternhaus des anderen abzuhängen, da wir Gefahr laufen, das Koma unserer betrunkenen Verwandten zu stören. Also peilen wir immer Treffen in Cafés oder Bars an, nur um festzustellen, dass fast alle davon mindestens eine Woche lang im Betriebsurlaub sind. Das sei ihnen natürlich vergönnt, aber könnte sich vielleicht pro Saison ein Café opfern und offen bleiben, damit ich mich mit meinen Freunden nicht Jahr für Jahr entweder bei Burger King oder an der örtlichen Tankstelle auf einen Kaffee treffen muss? Aus ebendiesem Grund kann ich nur davon abraten, zwischen Weihnachten und Silvester zu verreisen, da auch in fremden Städten vieles geschlossen hat und nur wenige Betreiber es schaffen, rechtzeitig die Öffnungszeiten auf ihrer Webseite zu aktualisieren. Nichts schreit »Juhu, Winterurlaub!«, wie 20 Minuten in Eiseskälte zu einem Restaurant zu watscheln, nur um bei der Ankunft festzustellen, dass es geschlossen hat.

Mich nervt, dass es so viele verschiedene Weihnachtstraditionen gibt und jeder davon ausgeht, dass seine die einzig richtige ist. Das klassische Beispiel ist natürlich, dass manchen Kindern der Weihnachtsmann die Geschenke bringt, andere aber vom Christkind beschenkt werden. Als Österreicher bin ich selbst mit dem Christkind aufgewachsen, sehe aber ein, dass es einige Fragen aufwirft. Wie der Name verrät, soll es sich dabei doch um ein *Kind* handeln und ich frage mich, wie es ohne elterliche Aufsicht all diese Geschenke transportieren kann. Umso verwirrender ist es, dass das Christkind in sämtlichen Abbildungen eine erwachsene Frau mit blondem Haar ist. Da soll sich noch einer auskennen! Auch bei traditionellem Weihnachtsessen scheiden sich die Geister. Meine Freundin Mia etwa ist völlig ausgerastet, als sie erfahren musste, dass es bei uns an Weihnachten früher Beef Tartar und belegte Brote gab. »Was?! Gar keine traditionelle Weihnachtswurst?«, wollte sie aufgebracht wissen. Nein, und davon habe ich um ehrlich zu sein auch noch nie was gehört. Ich spiele wirklich mit dem Gedanken, mir einfach ein paar Weihnachtstraditionen aus den Fingern zu ziehen, nur um meine Mitmenschen zu ärgern. »Was? Bei euch gibt es am Heiligen Abend gar keinen traditionellen Wackelpudding-Salat mit Marshmallow-Stückchen drin? Ihr schlagt aber nach dem Essen schon Purzelbäume um den Weihnachtsbaum, oder?«

Warum muss man an Weihnachten Kinder nach Strich und Faden belügen und eine fiktive Figur als Druckmittel für »artiges Verhalten« verwenden? Vielleicht fühle ich mich auch nur schlecht, weil ich regelmäßig vergesse, dass Kinder bis zu einem gewissen Alter ja an den Weihnachtsmann oder das Christkind glauben und spätestens nach meinem zweiten Glas Eierlikör etwas ausplaudere, was ich nicht ausplaudern sollte. Zu meiner Verteidigung muss ich sagen, dass ich als außenstehende Person ja nun wirklich nicht am Schirm haben kann, welche Lügen die Eltern mit ihren Kindern gerade am Köcheln haben und wofür der Weihnachtsmann zuständig ist. Sage ich etwa »Schöner Weihnachtsbaum! Den hast du toll dekoriert, Luisa!«, so ernte ich schon einen bösen Blick, weil den Baum natürlich der Weihnachtsmann dekoriert hat. Lobe ich dann später die köstliche Weihnachtsgans, tritt mich Luisa auch schon unter dem Tisch, weil selbstverständlich der Weihnachtsmann die Gans zubereitet hat. Woher soll ich das denn bitte wissen? Was sendet es wohl für eine Message an kleine Kinder, wenn sie wissen, dass ihre Eltern sämtliche mühsamen Haushaltätigkeiten an einen fremden Mann outsourcen? Putzt der Weihnachtsmann bei euch auch das Klo? Sag Bescheid, bevor ich auch dazu was Falsches sage.

Ich hasse es, dass viele Menschen plötzlich das Gefühl bekommen, religiös wirken zu müssen. Wenn du und deine ganze Familie einfach nicht religiös seid, dann müsst ihr euch auch nicht gezwungen fühlen, an Heiligabend ein »Frommste Familie der ganzen Welt«-Rollenspiel abzuziehen, in die Kirche zu gehen oder zu beten. Ich bin dieser Tage auch nicht sonderlich religiös, habe aber als Jugendlicher eine katholische Schule besucht, in der wir jeden Morgen das »Vater unser« gebetet haben – manchmal sogar auf Latein. Umso witziger finde ich es, den Weihnachtsabend mit Leuten zu verbringen, die schon beim »Vater unser« erhebliche Probleme haben und jede Zeile unsicher aufsagen, als handle es sich dabei um eine Frage. »Vater unser, der du bist im … Himmel? Ist das richtig? Himmel?« Meine Einstellung ist: Warum sollte ich mich an Weihnachten wie eine Person verhalten, die ich die restlichen 364 Tage im Jahr auch nicht bin? Lasst doch das Gebet und singt stattdessen einen Madonna-Song, wenn das besser zu euch passt.

Für den Nikolaus hatte ich noch nie etwas übrig. Wenn der Weihnachtsmann Paris Hilton ist, ist der Nikolaus ihre Schwester Nicky Hilton: Weniger aufregend, nur halb so gut gestylt und ich bin mir nie ganz sicher, ob sie nicht doch dieselbe Person sind und einfach ein Alter Ego erfunden haben, falls sie mal wieder wissen wollen, wie es sich anfühlt, wenn man ein bisschen weniger beliebt ist. Schon als Kind konnte ich wenig Enthusiasmus für den Nikolaus aufbringen. Haben mir meine Eltern etwa mit einem Funkeln in den Augen gesagt »Michi, der Nikolaus war da und hat ein Geschenk für dich dagelassen!«, blickte ich meist nur müde von meinem *Micky-Maus*-Magazin auf und raunte leise »Hmm, okay, ich schau vielleicht morgen nach, wenn ich Zeit habe …« Und, Entschuldigung, habe ich das richtig verstanden? Der Nikolaus versteckt Geschenke in einem *Schuh*? Wie creepy ist das denn? Wenn ich einen alten Mann will, der spätnachts an meinen Schuhen herumfuchtelt, gibt es doch bestimmt Apps dafür.

Ich hasse den Krampus. Er – und der Struwwelpeter – sind vermutlich verantwortlich für 90 Prozent der Albträume, die ich als Kind hatte und auch Grund dafür, warum ich bis zum heutigen Tag keinen allzu behaarten Männern vertraue. Was für ein fürchterliches Druckmittel, Kindern zu sagen: »Sei brav, sonst kommt ein böser Mann mit einer Rute, schenkt dir Kohle und schlägt dich!« Wie dem auch sei! In Österreich ist es vielerorts Brauch, dass angsteinflößende Krampusse im Rahmen eines »Krampuslaufs« (oder Perchtenlaufs) unschuldige Passanten terrorisieren und schlagen. Entschuldigung, aber von meinen Freunden aus dem BDSM-Milieu weiß ich, dass das nur okay ist, wenn *beide* es wollen. Ich würde gerne behaupten, dass das eine längst vergessene Tradition aus einer Zeit ist, in der man auch noch dachte, dass Rauchen während der Schwangerschaft ein köstlicher Genuss sei, aber ich kann mich ganz genau erinnern, vor ein paar Jahren in einem schönen Restaurant am Land gewesen zu sein, als plötzlich die Türen aufschwangen und vier Krampusse unter lautem Geschrei das Lokal stürmten und mit ihren Krallen vor meinem Gesicht herumfuchtelten. *Excusez moi?* Um ein Haar hätte ich meinen Crème-brûlée-Löffel fallen lassen und mich unter den Tisch gelegt, um mich tot zu stellen. Seitdem gelobe ich, nie wieder zur Weihnachtszeit in ein Lokal am Land zu gehen, ohne eine kleine Trillerpfeife um den Hals zu tragen, in die ich pusten kann, wenn mal wieder Gefahr droht.

Wie man sich in den regional unterschiedlichen Bezeichnungen verheddern kann, die die Feiertage und das neue Jahr mit sich bringen. Als Österreicher, der im Internet viele Deutsche erreicht und es am liebsten allen recht machen würde, ist der Winter wirklich keine leichte Zeit für mich. Ich investiere viel zu viel Energie darin, die sprachlichen Unterschiede zwischen diesen beiden Ländern zu navigieren und auszubügeln, etwa, indem ich stolz über meine neue »winterliche Kopfbedeckung« spreche, weil ich es tunlichst vermeiden will, entweder »Mütze« oder »Haube« zu sagen. »Aber Michi, das ist ja absolut lächerlich!«, denkt ihr euch vielleicht. »Sag doch einfach, wie du willst!« Du hast leicht reden, Angelika! Offensichtlich hat dir noch nie ein übertrieben patriotischer Österreicher einen Drohbrief geschrieben, weil du unabsichtlich »Adventskalender« statt des österreichischen »Adventkalender« gesagt hast und damit für die »Germanisierung der österreichischen Jugend und den Untergang der wunderschönen österreichischen Sprache« verantwortlich bist. Man möchte meinen, dass die Leute – besonders im Dezember! – bessere Dinge zu tun hätten, als sich über minimale sprachliche Unterschiede aufzuregen, aber ich werde jährlich eines Besseren belehrt, weswegen man mich nicht selten dabei erwischt, wie ich gegen Jahresanfang mystisch von den »ersten zwei Monaten des Jahres« erzähle, weil ich bereits 500 Direktnachrichten antizipiere, in denen kichernde Deutsche fragen: »Was ist denn ’n *Jänner*? Und was hat’s mit diesem *Feber* auf sich? Mensch, ihr lustigen Ösis!!!« Regt euch bitte alle mal wieder ab, oder – und das ist womöglich für alle Beteiligten die beste Lösung – ich lege im Dezember und seinen zwei Folgemonaten einfach ein Schweigegelübde ab.

Adventskalender sind nervig. Streng genommen ist in einem klassischen Schoko-Adventskalender vermutlich genauso viel Schokolade, wie in einer einfachen Schokoladentafel, nur dass man sie wie ein besonders genügsamer Mönch auf 24 Tage verteilt essen muss und dreimal so viel dafür bezahlt. Aus Firmensicht ist ein Adventskalender wirklich clever: Wie in eine »Überraschungstüte« kann man wahllos Produkte reingeben, die man sonst einfach nicht wegbekommt, den Preis erhöhen, und bis die Leute draufkommen, dass ihnen ein Betrug vorliegt, ist vermutlich schon zu viel

Zeit verstrichen, um das Produkt noch umzutauschen. Vielleicht sollte ich Freunden im kommenden Jahr auch einfach einen Adventskalender bestehend aus all dem Krimskrams schenken, den ich auf Kleinanzeigen-Plattformen einfach nicht wegbekomme. Wer freut sich denn nicht über ein zu zwei Drittel volles Erdbeershampoo?

Besonders schlimm sind trendige Adventskalender, wie etwa diesen einen von dem bekannten Online-Sexshop, für den sämtliche Blogger, die sich in ihrer Instagram-Bio selbst als »sex-positive« bezeichnen, bereits ab Mitte November in Unterwäschebildern mit koketten Blicken in die Kamera Werbung machen. Schaut, ich würde mich basierend auf meinem *body count* definitiv nicht als »sex-negative« bezeichnen, aber allein die Vorstellung, dass ich zwischen Weihnachtsfeiern, Geschenkebesorgungen und den letzten Deadlines des Jahres nun auch noch genug Zeit für 24 »Momente der Sinnlichkeit« mit meinem Partner finden soll, stresst mich zutiefst. Wenn ich völlig ehrlich bin, würde es mir mehr gefallen, mein Freund würde den Vibrator aus dem Adventskalender benutzen, um die Verspannungen und Knötchen in meinem Nacken zu lösen.

Selbst gebastelte Adventskalender sind nicht viel besser. Sie tragen nur zum Weihnachtsstress bei. Ist der Anspruch an uns alle nun etwa, dass wir unseren Liebsten neben einem normalen Geschenk auch noch 24 kleine Aufmerksamkeiten schenken? In einem Jahr hat mich mein Freund Dominik am 1. Dezember mit einem selbst gebastelten Adventskalender überrascht, und das war zugegeben eine sehr schöne und rührende Geste. Obwohl ich mich sehr gefreut habe, dass er sich so viele Gedanken und Mühen gemacht hatte, bekam ich sofort Gewissensbisse, nichts ähnliches für ihn vorbereitet zu haben. Da wir uns zu diesem Zeitpunkt noch am Beginn unserer Beziehung befanden, hielt ich es für eine tolle Idee, einfach so zu tun, als hätte ich *zufällig genau die gleiche Idee* gehabt, seinen Kalender aber »leider zuhause vergessen«. In einer sagenhaften Last-Minute-Aktion habe ich noch am selben Tag zahlreiche Läden abgeklappert und – rückblickend betrachtet wahllos – Dinge gekauft, um den Kalender zu füllen. So durfte er sich in diesem Jahr jeden Tag über ein anderes Goodie wie leckeren kandierten Ingwer oder einen Lavendelduftbaum für sein Auto (welches er nicht hat) freuen. Ähnlich wie bei gestellten Kussfotos für Instagram waren wir uns danach auch bei diesem süßen Pärchenritual einig: Einmal und nie wieder!

Weihnachtsdeko, die aus der Natur kommt, macht nichts als Ärger. Einmal haben mein Freund und ich einen vorweihnachtlichen Winterurlaub im Ferienhaus meiner Familie gemacht und beschlossen, dass es eine schöne Idee wäre, ein paar Zweige eines Baums auf dem Grundstück mitzunehmen und als Weihnachtsdeko in unserer Wiener Wohnung aufzuhängen. Das ist wirklich eine tolle Idee und ich würde es euch allen empfehlen, vorausgesetzt, ihr habt ein dringendes Bedürfnis, den ganzen Dezember damit zu verbringen, Harzflecken aus dem Parkettboden zu entfernen und Spinnen durch die ganze Wohnung zu jagen. Richtig gelesen: Spinnen! Rückblickend betrachtet hätte uns klar sein müssen, dass wir uns mit unserem »schmucken Deko-

Ast« gleichzeitig auch ein grusliges Spinnenparadies in die Wohnung holen würden, aber so weit haben wir in diesem Moment nicht gedacht. In diesem Dezember habe ich diese angsteinflößende Statistik über Spinnen, die wir jährlich im Schlaf verschlucken, sicher erheblich in die Höhe getrieben.

Ich hasse übertrieben kitschige Weihnachtsdeko und bin sehr froh, dass ich sie in der Stadt nicht wirklich mitbekomme. Klar: Manche meiner Nachbarn bilden sich ein, nicht nur ihre gesamte Wohnungstür, sondern auch den Flur dekorieren zu müssen, aber da drücke ich gerne mal ein Auge zu (und schreibe mit nur einem geöffneten Auge eine Mail an den Hauseigentümer, in der ich ihm diese bodenlose Frechheit petze!). Richtig schlimm finde ich allerdings manche der Weihnachtsdekorationen, die ich sehe, wenn ich meine Familie am Land besuche. Bereits, wenn ich in das Dorf einfahre, überraschen mich überdimensional große, aufblasbare Schneemänner, die in den Vorgärten der Häuser tanzen, wie diese Figuren, die vor Autohäusern stehen, oder rot und grün blinkende Lichterketten an den Fassaden, die noch lange, nachdem ich meinen Blick abgewandt habe, in meinen Augen brennen. Sehe ich das gerade wirklich, oder hat mir jemand LSD in meinen Punsch gekippt? Wie in einem schlechten Weihnachtsfilm schmeißen sich die Leute hier richtig ins Zeug und scheuen weder Kosten noch Mühen, um den Bad-Taste-Wettbewerb zu gewinnen – den ohne Zweifel jemand ausgeschrieben haben muss, denn anders kann ich mir diese Monstrositäten nicht erklären. Da ist es wie ein wohltuender Balsam für meine reizüberfluteten Augen, wenn ich beim Haus meiner Familie ankomme, welches komplett dekorationsfrei ist, bis auf einen an der Eingangstür angebrachten Weihnachtskranz. Aaah, willkommen zuhause!

Leute, die ihre Weihnachtsdeko zu lange hängen lassen, gehen mir auf den Geist. Wie faul kann ein einziger Mensch sein, dass er seine Lichterkette bis nach dem 15. Januar hängen lässt? Unfassbar! Wir alle kennen *dieses eine* Haus in der Nachbarschaft, in dem der Rasen seit 2010 nicht mehr gemäht wurde und die gruselige Weihnachtsmannpuppe rund ums Jahr versucht, in den Schornstein zu klettern, weil sich niemand die Mühe macht, sie vom Dach zu holen. Noch nie habe ich mir beim Vorbeigehen an diesem Haus gedacht: »Ach, da wohnen bestimmt total nette und normale Leute, die muss ich *unbedingt* mal zu Kaffee und Kuchen einladen!« Also nehmt gefälligst eure Weihnachtsdekoration rechtzeitig ab!

Ich hasse es, den Weihnachtsbaum zu entsorgen, und bekomme Jahr für Jahr mehr Lust darauf, ihn einfach wie in der IKEA-Werbung aus dem Fenster zu werfen. Aus Sorge, dass ich dabei unabsichtlich jemanden töten könnte und für den Rest meines Lebens im Gefängnis landen werde, von dem ich befürchte, dass es dort kein WLAN gibt, lasse ich das aber lieber bleiben und ziehe als nächstes in Erwägung, die Nadeln einfach abfallen zu lassen und aus dem kahlen Baum eine schicke Garderobe für unsere Wohnung zu fertigen. Erst nachdem mein Interior-Design-fixierter Lebensgefährte zu dieser Hammeridee sein Veto eingelegt hat, schleppe ich den Baum zu einer dafür vorgesehenen Entsorgungsstelle, was, – wie ich euch leider berichten muss – absolut keinen Spaß macht und dazu führt, dass in meinem gesamten Wohnhaus nun mehr Nadeln verstreut liegen, als am Boden eines Bahnhofsklos. Um das zu vermeiden, haben mein Freund und ich in den letzten Jahren angefangen, den Baum erst in ein großes Tuch zu wickeln und ihn dann wegzutragen, wodurch wir einmal mehr so aussehen, als würden wir eine Leiche abtransportieren; vermutlich einen anstrengenden Verwandten, dem ich nach rassistischen Aussagen auf der Familienfeier einfach den Garaus gemacht habe. Verständlich!

Warum muss Christbaumschmuck eigentlich teuer sein? Ich weigere mich partout, einen dieser Persönlichkeitstests zu machen, die mir ganz genau erklären, wie ich denn so drauf bin, was mir genau gar nichts bringt, weil ich ohnehin schon weiß, wie ich bin, woraufhin ich höchstens ganz stolz »Persönlichkeitstyp MNLOP« in meine Instagram-Bio schreiben kann. Aber *würde* ich einen machen, würde dieser ganz bestimmt ergeben, dass ich ein Individualist bin, der an seinem Weihnachtsbaum mit Vorliebe ausgefallenen Schmuck in Form von Oldtimern, einem Wiener Frühstück oder seinem liebsten *Real Housewive* anbringt. Doch leider muss ich euch sagen, dass dieser Schmuck vor allem eines ist: teuer! Ich bin auch nicht gewillt, 10 Euro für eine Christbaumkugel zu bezahlen, die gerade mal zwei Wochen im Jahr im Einsatz ist und – in Anbetracht all des Besuchs von kleinen Kindern – höchstwahrscheinlich zu Bruch gehen wird. Außerdem brauche ich ja wohl mehr als *eine* ausgefallene Kugel und schließe nicht aus, dass ein ganzer Baum von ihnen 700 Euro kosten würde – und das ist leider obszön viel. So gebe ich mich geschlagen und dekoriere meinen Baum Jahr für Jahr mit ganz klassischen Kugeln, an denen ich mich – wie ich euch leider sagen muss – sehr schnell satt gesehen habe. So habe ich letztes Jahr beschlossen, mir neue Kugeln zu kaufen; nichts Ausgefallenes, einfach stinknormale runde Kugeln, nur in einer anderen Farbe als in der, die schon seit fünf Jahren an meinem Christbaum hängt, und musste feststellen, dass ganz banale Christbaumkugeln nun auch bereits 5 Euro das Stück kosten – zumindest in diesen schicken Einrichtungsläden. Findig wie ich bin, habe ich also am 23. Dezember einen Last-Minute-Ausflug in den Baumarkt (von allen Orten!) unternommen und dort sehr zu meiner Verwunderung zwischen Dübeln und Trafos (oder was auch immer es dort gibt – merkt man, dass ich fast nie im Baumarkt bin?) ein üppiges Weihnachtsparadies gefunden, in dem ich gleich eine ganze Box voll Kugeln um 10 Euro bekommen habe. In Zukunft werde ich zu denen gehören, die allein für Dekogegenstände in den Baumarkt fahren.

Mir macht es keinen Spaß, den Weihnachtsbaum zu schmücken. Es ist die Hölle für mich, denn ich bin einer dieser Freaks, denen Symmetrie sehr wichtig ist. Nicht selten erwische ich mich dabei, im Museum bei einem abstrakten Kunstwerk noch ein paar meiner eigenen Pinselstriche dazu malen zu wollen, damit es »optisch besser fließt«. Aus eben diesem Grund gleicht das Schmücken des Baums Jahr für Jahr einer regelrechten Odyssee, im Rahmen derer ich – wie Donald Duck in irgendeinem irren Cartoon aus den 1950er-Jahren – immer mehr Kugeln draufpacke. Wenn ich links eine dazugebe, muss ich auch rechts eine dazu geben, ganz klar – ehe der Baum ob der vielen Kugeln irgendwann zu schwer wird, umkippt und mich unter ihm begräbt.

In mühevoller Kleinstarbeit dekoriere ich die Vorderseite des Christbaums schließlich so perfekt symmetrisch, dass ich nahezu schon in Betracht ziehe, ein Foto davon an das Bezirksblatt zu schicken, in der Hoffnung, dass ich vielleicht einen kleinen Preis gewinne, nur um viel zu spät zu bemerken, dass ich – wortwörtlich – den Wald vor lauter Bäumen nicht gesehen und daher nur einen ganz bestimmten (ich gebe es ja zu: den Instagram-tauglichsten) Winkel der Vorderseite des Baums geschmückt habe, die anderen Seiten aber völlig vergessen habe. »Meine Gäste werden den Baum ja wohl hoffentlich nicht auch von hinten betrachten?«, frage ich mich dann noch, bevor mir einfällt, dass meine kritischen Verwandten das auf jeden Fall tun werden; sie werden mindestens einmal ganz langsam um den Baum schleichen, wie ein Polizist auf Kontrollgang, und vereinzelte Stellen sogar mit der Taschenlampe ihres Smartphones beleuchten um mögliche Fehler zu entdecken und laut zu bekritteln.

So bleibt mir nichts anderes übrig, als den Baum noch mal neu zu dekorieren und diesmal wirklich alle Seiten in Betracht zu ziehen.

Noch schlimmer wird das ganze Unterfangen übrigens, wenn ich beschließe, mit einer anderen Person den Baum zu schmücken, da wir meistens bereits zu streiten anfangen, bevor überhaupt die erste Kugel hängt. Ich habe schon so viele Diskussionen darüber geführt, ob zuerst die Lichterkette oder zuerst die Kugeln angebracht werden sollen, dass ich oftmals in Betracht gezogen habe, mein Gegenüber mit der Lichterkette zu fesseln und im Anschluss mit Kugeln zu bewerfen. Kann nicht irgendein supermotiviertes Start-up fertig dekorierte Plastik-Weihnachtsbäume auf den Markt bringen, die man jedes Jahr einfach nur aus dem Schrank kramen muss?

Ich hasse Adventskränze … Sie sind nicht schön, verlieren ständig Nadeln und das optische Ungleichgewicht, das entsteht, wenn man Woche für Woche nach und nach eine Kerze anzündet, sodass die Kerzen nie gleich hoch sein können, triggert mich zutiefst. Dass dann traditionellerweise auch noch eine der vier Kerzen eine andere Farbe hat, als die anderen, ist für mich Grund genug, dass mir kein Adventskranz ins Haus kommt.

… und diese blöden Weihnachtsgedichte und -geschichten. Als wären Weihnachtslieder nicht schon Tortur genug, gibt es doch tatsächlich Leute, die es für eine gute Idee halten, unter dem Weihnachtsbaum ein Gedicht vorzutragen. Das ist kein Poetry Slam, Rebecca! Setz dich wieder hin! Noch schlimmer finde ich ja die in manchen Kreisen beliebte Lesung einer Weihnachtsgeschichte. Wie egozentrisch kann eine Person sein, um sich zu denken: »Wisst ihr was? Ich lese euch jetzt mit meiner engelsgleichen Stimme was vor, um euch die wahre Bedeutung der Weihnacht näherzubringen?« Nein! Kannst du nicht einfach ein paar Zettel mit der Geschichte oder dem komischen Gedicht austeilen, damit wir das entweder alle lesen, wenn es uns gerade passt – oder halt im nächsten Mülleimer entsorgen? Während meiner Schulzeit musste ich besonders oft Weihnachtslesungen über mich ergehen lassen und fühle mich bis heute traumatisiert davon, denn es war die Tradition meiner Geschichtslehrerin, uns Jahr für Jahr dieselbe traurige Geschichte namens »Die Weihnachtswurst« vorzulesen. Diese handelt von einem kleinen Jungen aus einer armen Familie, der sich am Abend vor Weihnachten aus seinem Bett schleicht, um sich vor Hunger über die für den kommenden Tag vorgesehene Weihnachtswurst herzumachen. »Sein Blick fiel auf die üppige, prall gefüllte Wurst«, säuselte meine Lehrerin damals langsam, »ehe er das lange Stück vorsichtig in seinen Mund schob. Erst nur die Spitze, und dann immer mehr, bis die gesamte, stramme Wurst verschwunden war.« Warum in aller Welt sie es für eine gute Idee hielt, ausgerechnet diese sexuell äußerst aufgeladene Story einem Raum voller pubertierender Jugendlicher vorzulesen, ist mir bis zum heutigen Tag ein großes Rätsel. Da ich die Geschichte rund um die köstliche Weihnachtswurst nicht im Internet finden kann, schließe ich nicht aus, dass es sich dabei einfach um eine selbstverfasste erotische Kurzgeschichte handelt, die meine Lehrerin uns einfach nicht vorenthalten wollte. Danke dafür!

Und »Christbaumschauen« oder »Christbaumloben«
geht mir erst recht auf den Geist. Jedes Jahr laden mich
Freunde, Familie und manchmal sogar völlig Fremde zu
sich nach Hause ein, damit ich mir ihren Weihnachtsbaum
ansehen kann. »Du hast ja noch gar nicht unseren Weihnachtsbaum gesehen!«, sagen sie empört, als gäbe es ein
neues Familienmitglied, das ich unbedingt kennenlernen
muss. Ähm ... ich weiß, und wenn es nach mir geht, kann
das gerne so bleiben. Kannst du mir nicht einfach ein Foto
davon zeigen? Oder bestehst du wirklich darauf, dass ich
in deine Wohnung komme und so tue, als würde ich deinen Baum total toll finden, die starken Äste lobe und dann
frage, wo (und um wieviel Geld!) du dieses Prachtstück
einer Tanne denn bloß gefunden hast. Wer hätte gedacht,
dass »Bäume« so ein ergiebiges Gesprächsthema sind? Dieser verrückte Brauch ist mir ein bisschen zu prahlerisch
und »Mein Haus, mein Boot, mein Auto«-mäßig. Ich lade
ja auch nicht zu mir nach Hause ein, wenn ich mal die perfekte Avocado im Supermarkt ergattert habe. Ich suche
nach wie vor nach einem Weg, durch die Blume zu sagen:
Es gibt wenige Dinge auf dieser Welt, die mir so egal sind,
wie dein Weihnachtsbaum, Manuel. Bestimmt sieht er aus,
wie jeder andere verdammte Weihnachtsbaum, den ich je
gesehen habe.

Was soll denn ein »kreativer« Weihnachtsbaum sein?
Alle heiligen Zeiten beschließen Personen aus meinem nä-
heren Umfeld, »diesen ganzen Weihnachtsbaumstress« nicht
mehr mitzumachen und stattdessen einen kreativen, günsti-
geren und einfacheren Weihnachtsbaum aufzustellen. Dann

besorgen sie sich etwa eine alter Malerleiter, schleifen sie in einem mehrtägigen DIY-Projekt mühevoll ab, streichen sie grün an und spannen Schnüre zwischen den Sprossen, an denen sie sorgfältig Weihnachtskugeln anbringen, bevor sie ein »Weihnachtsbaumduft«-Raumspray versprühen, damit es in der ganzen Wohnung trotzdem nach Tannennadeln riecht. »Na, wie gefällt euch mein *Weihnachtsbaum*?«, fragen sie dann zwinkernd und kichern selbstgefällig in Anbetracht der Tatsache, dass sie den erbarmungslosen Baum-Konkurrenzkampf dieses Jahr nicht mitmachen, während sie noch ein paar Holzsplitter aus ihren entzündeten Händen ziehen. Du meinst die grüne Leiter, die da im Eck steht? Ja, ist nicht schlecht, aber wäre es nicht viel einfacher und günstiger gewesen, dir einfach einen echten Baum zu holen?

Was ich wirklich zu Weihnachten will

Liebes Christkind,
lieber Weihnachtsmann,
ich habe mir Gedanken gemacht und weiß dieses Jahr ganz genau, was ich mir zu Weihnachten von dir wünsche. Bitte schenk mir eine Furz-Soundmachine. Richtig gelesen! Nichts will ich am 24.12. mehr in den Händen halten, als dieses schnieke, kleine Gerät mit 16 Knöpfen für Furzgeräusche von »Saftiger Furz« bis hin zu »Protein-Furz«. Oh, all der Spaß, den ich haben werde! Sollte ich einmal einen

schlechten Tag haben, werde ich einfach meine gute, alte Soundmachine zur Hand nehmen, Fürze aller Art abspielen und lachen und lachen und lachen, bis die Sonne untergeht.

Such bitte auch ein ulkiges T-Shirt für mich aus; eines, das du noch nie eine andere, normale Person hast tragen sehen. Je verrückter und länger die humorige Aufschrift, desto besser – ich will, dass die Leute mich, bei den vielen Malen, die ich dieses T-Shirt tragen werde, lange und konzentriert anstarren müssen, um die Pointe zu verstehen. Wie wäre es mit den Worten »Ich bin zwar kein Gynäkologe …« auf der Vorderseite und »… aber ich seh mir das trotzdem gerne mal näher an ;)« auf der Rückseite? Ich vertraue deinem Geschmack und bin sicher, du wirst etwas Passendes für mich finden.

Weißt du, wovon wir alle wirklich viel zu wenig haben? Sagen wir es gemeinsam: *Unterhosen*! Weniges würde mich glücklicher machen, als ein 5er-Pack sperriger Boxershorts. Wer braucht schon eng anliegende, kaum spürbare Unterwäsche aus gutem Material? Sicherlich nicht ich! Ich will was *FÜHLEN*! Am liebsten möchte ich Unterhosen aus rauem Material, die sich beim Tragen so anfühlen, als würde ich unter meiner Hose noch eine andere, kleinere Hose anhaben.

Bitte komm gar nicht erst auf die Idee, mir diese Intimwäsche in normalen Farben wie schwarz oder weiß zu kaufen. Nein danke, wie langweilig!!! Knallrot, Kreischgrün oder wild gemustert sind die einzigen wahren Optionen. Beim täglichen Öffnen meiner Unterhosenschublade will ich mich jedes Mal fühlen, als erlebe ich gerade einen kleinen LSD-Trip. Ein Traum!

Mein nächster Wunsch klingt nahezu unmöglich, aber ich weiß, dass du ihn Realität werden lassen kannst! Kannst du dich noch erinnern, als ich einmal vor 20 Jahren in einem Laden eine Sekunde zu lang eine Plüsch-Mickey-Maus in den Händen gehalten habe? Dein Bauchgefühlt liegt richtig: Diese entfernte Erinnerung bedeutet, dass ich Mickey Maus bis zum heutigen Tag heiß liebe und mich über Mickey-Geschenke aller Art wahnsinnig freue: T-Shirts, Tassen, Mauseohren, Magazin-Abos – die Liste ist endlos! Ich, ein erwachsener Mann, brauche einfach mehr kreischgrün mehr MICKEY!

Mir ist bewusst, wie materialistisch ich in diesen Zeilen klinge und das ist nun wirklich nicht meine Absicht. Der eigentliche Sinn von Weihnachten ist ja das Zusammenkommen der Menschen, deshalb ist mein Herzenswunsch auch, an Weihnachten so viel Zeit wie möglich mit anderen Leuten zu verbringen. Bereits Mitte November sollen aus meinem Briefkasten Einladungen zu Weihnachtsfeiern schwirren, wie Einladungen nach Hogwarts aus Harry Potters Kamin! Nicht nur werde ich all diese Einladungen wahrnehmen, sondern sie auch einrahmen und in meiner Wohnung aufhängen, wie ein Arzt das mit seinen Diplomen macht.

Doch damit nicht genug. Diesen Dezember möchte ich jede freie Sekunde mit meiner Verwandtschaft zubringen, denn immerhin ist Blut dicker als all der Eierlikör, den ich je trinken könnte! Wenn ich ehrlich bin, wäre es mir eigentlich am liebsten, während Tante Irmis jährlicher Weihnachtsfeier könnte ein fürchterlicher Schneesturm ausbrechen, durch den die gesamte Großverwandtschaft sich gezwungen sieht, die nächsten drei Tage auf engstem Raum miteinander zu verbringen. Ich bin in meinem Leben nur so richtig glücklich, wenn ein stark alkoholisierter Onkel Walter mich fragt, ob ich denn jetzt endlich eine Freundin habe oder mich noch immer in meiner »Homo-Phase« befinde.

Mit der Hoffnung auf die baldige Erfüllung meiner Wünsche, Michi

2. Feierlichkeiten & Partys

Weihnachten wäre ja eigentlich ganz nett, wenn da nicht immer diese *anderen Leute* wären. Ich hätte kein Problem damit, es mir im Dezember ganz einfach mit meinem Freund auf dem Sofa gemütlich zu machen, einen schlechten Weihnachtsfilm nach dem nächsten zu schauen und irgendwann im neuen Jahr wieder aufzuwachen, wie ein Igel nach dem Winterschlaf. Doch stattdessen sehe ich mich im Dezember regelmäßig gezwungen, so viele Weihnachtsfeiern zu besuchen, als wäre ich Politiker im Wahlkampf, der jeder Person in ganz Österreich die Hände schütteln möchte, in der Hoffnung, vielleicht ihre Stimme zu bekommen. Muss das sein? Weihnachten findet doch im Herzen statt, und nicht in einem gemieteten und lieblos dekorierten Konferenzraum eines Marriott Hotels. Meine unzähligen Gründe, warum ich Weihnachtsfeiern, Familienzusammenkünfte und andere winterliche Partys so sehr hasse, möchte ich euch natürlich nicht vorenthalten ...

Ich hasse Weihnachtsfeiern. Als Selbstständiger arbeite ich über das Jahr verteilt mit vielen verschiedenen Personen und Firmen zusammen und bekomme im Dezember Einladungen zu zwanzig Weihnachtsfeiern. Sämtliche Businessratgeber, die ich je gelesen habe, würden mir wahrscheinlich empfehlen, jede einzelne davon zu besuchen und angenehmen Smalltalk wie »Na Sybille, wie geht es deinen

Kindern?« zu führen (woraufhin höchstwahrscheinlich die Antwort »Ich heiße Renate und habe keine Kinder!« folgt), aber ich habe keine Lust, auf Feiern zu gehen, auf denen ich so gut wie niemanden kenne, und als Außenstehender die irren Dynamiken der jeweiligen Unternehmen zu beobachten, als wäre ich ein tougher Businesscoach in einer dieser Reality-Shows im Nachmittagsfernsehen. Weihnachtsfeiern sind fürchterlich, weil ganz besonders »professionelle« Menschen in diesem Setting das Gefühl bekommen, nun das einzige Mal im ganzen Jahr so richtig auf die Kacke hauen und ihre Blazer lasziv ausziehen zu können, bevor sie ein Techtelmechtel mit ihrem liebsten Kollegen in der Abstellkammer haben, ohne dass die Geschehnisse je auf LinkedIn landen. Ich hasse diese kontrollierte Ausgelassenheit! Als die Corona-Pandemie ausbrach, dachte ich mir im ersten Moment: »O nein, wie schlimm!«, und im zweiten: »Super, keine Weihnachtsfeiern!«. Doch da habe ich die Rechnung ohne digitale Weihnachtsfeiern gemacht.

Ich hasse auch digitale Weihnachtsfeiern, die auf Zoom oder Skype stattfinden. Wer hat denn bitte Lust auf einen Zoom-Call mit 25 Leuten? Es tut mir leid, aber das macht einfach keinen Spaß, weil die Möglichkeit wegfällt, Kollegin Barbara zur Seite zu ziehen und mit konspirativem Blick über das Top von Kollegin Monika aus der Buchhaltung zu lästern, das an Geschmacklosigkeit kaum zu überbieten ist. Bei digitalen Weihnachtsfeiern schaue ich immer nur ganz kurz rein, bevor ich künstlich erstarre, so tue, als hätte sich mein Computer aufgehängt und dann offline gehe.

Was denken sich Leute, die an Weihnachten zu sich einladen und dann betonen, wie fürchterlich stressig das für sie ist? Obwohl die Tage bereits stressig genug sind und ich mit Terminen zugedeckt bin wie ein Prostituierter am Valentinstag, bekomme ich sofort ein schlechtes Gewissen, wenn Tante Irmi mich zum Mittagessen einlädt, vor allem, weil sie es irgendwie schafft, in all ihre Einladungen die Phrase »so lange ich noch am Leben bin ...« einzubauen (sie ist, nebenbei bemerkt, 54 und kerngesund). Na gut, überredet! Ich beschließe, Platz in meinem Terminkalender für Irmi zu machen und fahre eine Stunde lang zu ihr und Onkel Herbert, nur um an der Tür von meiner völlig gestressten Tante begrüßt zu werden. »Uff, diese Weihnachtsfeiertage sind so stressig und ich kann es kaum erwarten, bis sie endlich vorbei sind!«, sagt sie und riecht bei der Umarmung verdächtig stark nach Haselnussschnaps. Obwohl sie diejenige war, die das Treffen forciert hat, erweckt sie nun den Eindruck, als wäre sie sehr froh, wenn ich bald wieder gehe. Die Sache ist: Ich auch! Niemand zwingt dich, mich einzuladen! Ich wollte gar nicht kommen! Ich will einfach nur wie ein Kartoffelsack auf meinem Sofa liegen und die *Sissi*-Filme schauen! Mir hätte es schon gereicht, wenn ich mit meinem Auto ganz langsam an deinem Haus vorbeifahre und winke, während du mir durch das offene Fenster ein paar deiner legendären Lebkuchen in den Mund wirfst.

Ich hasse die langen Wege an Weihnachten. In diesen drei Stunden, die ich im Auto gesessen bin (und während denen es siebenmal »Driving Home for Christmas« im Radio gab), um alle Mitglieder meiner Familie und auch der

Familie meines Freundes zu besuchen, hätte ich locker noch ein paar Last-minute-»Ich fahre mit dir in den Zoo«-Gutscheine für meine Nichten und Neffen auf eine Serviette oder andere herumliegende Papiere kritzeln können. Natürlich besuche ich grundsätzlich gerne meine Verwandtschaft, aber es läuft jedes Jahr gleich: Ich fahre bereits morgens von Zuhause weg, um pünktlich zum Mittagessen anzukommen, verbringe dann fünf tatsächlich ganz nette Stunden im Kreise der Familie, bevor ich gegen 19:00 Uhr ankündige, jetzt langsam wieder nach Hause zu fahren. Das ist der Moment, in dem alle aus den Wolken fallen und völlig ausrasten: »WAS? Du fährst schon? Du bist doch gerade erst gekommen!« »Nein, das ist sieben Stunden und vier Runden *Scrabble* her, während denen ich durchgehend versucht habe, Wörter wie ›Autofahrt‹ und ›Lebewohl‹ zu legen, um euch auf meinen Abschied vorzubereiten.« Seit einigen Jahren lasse ich es mir nicht nehmen, meine Verwandtschaft am Ende der Weihnachtsfeierlichkeiten für nächstes Jahr zu mir nach Wien einladen. »Wie wäre es, wenn ihr nächstes Jahr meine Gäste seid?«, frage ich höflich, bevor sie mir ins Gesicht lachen und erwidern »Aber Michi, Wien ist für uns doch ein bisschen weit, das musst du verstehen!« Ähm, ja ich weiß, genauso weit, wie euer Kuhdorf für mich.

Warum muss der Weihnachts-Besuche-Marathon von Jahr zu Jahr komplizierter werden? Da ich bei meinen Besuchen nun den Schlafrhythmus von Kindern, die Tatsache, dass Tante Tina und Onkel Helmut seit der Scheidung nicht mehr im gleichen Raum sein können, ohne sich wie zwei kampflustige Kätzchen in die Krallen zu kriegen und Cousin Walters Alkoholproblem, das ihn nach 17:00 Uhr unansprechbar macht, berücksichtigen muss, komme ich mir mittlerweile vor, wie ein gestresster Weddingplanner mit Klemmbrett und Headset. »Okay, von 14:15 Uhr bis 15:30 Uhr sind wir bei Tina, danach für 45 Minuten bei Herbert – er darf *unter keinen Umständen* wissen, dass wir bei Tina länger waren, als bei ihm – und könnten dann so ab 16:30 zu euch kommen, falls die Kinder da gerade wach sind? Oder hier ein Alternativvorschlag: Wie wär's, wenn ihr euch für die Feiertage alle mal kurz zusammenreißt und euch nicht so wichtig nehmt?«.

Mich nerven Leute, die ankündigen, dass Weihnachten dieses Jahr »ganz unspektakulär« wird und sie sich definitiv keine Mühe antun wollen – als wäre das Weihnachtsfest in den Jahren zuvor ein kitschiges Über-drüber-Spektakel gewesen, frisch einer Fotostrecke aus dem *Guido*-Magazin entsprungen. Dann gibt es am Heiligen Abend weder Deko noch warmes Essen, sondern einfach ein paar belegte Brötchen von der Feinkost-Theke des nächsten Supermarkts, ehe am Ende dieses nicht gerade berauschenden Abends verkündet wird, dass Weihnachten nächstes Jahr *noch* unspektakulärer wird. Geht das überhaupt? Ploppst du dann als Hauptspeise einfach den Inhalt einer Packung ungesalzener Nachos auf den Tisch und servierst als Dessert ein paar Erdbeer-Kaugummis?

Ich hasse es, auf Familienfeiern als »schwarzes Schaf« oder »verlorener Sohn« zu gelten, nur weil ich nicht an der örtlichen Tankstelle arbeite und mir noch mit fast 30 von meiner Mutter die Unterhosen bügeln lasse. Ich kann von Glück sprechen, dass meine engste Familie das relativ entspannt nimmt: Wir sehen uns meistens einmal die Woche und wenn nicht, gibt es ja auch noch immer das gute alte Telefon. Vielmehr sind es vereinzelte Verwandte, die mir auf die Nerven gehen, wenn sie mir schon beim Betreten ihres Hauses »Na, sieh mal an, wer sich da *endlich mal wieder* blicken lässt!«, entgegenjaulen, so als wäre unsere Beziehung eine Einbahnstraße und als würde ich nicht nur eine anderthalbstündige Autofahrt entfernt leben – ein Weg, den sie gerne auf sich nehmen, wenn es darum geht, die *Lange Nacht der Schlagerstars* zu besuchen, nicht aber, um ein vermeintlich liebes Familienmitglied zu besuchen; vermutlich, weil ich ihnen dann doch nicht so wichtig bin, wie sie mir immer vorspielen.

Und ich hasse den gezwungenen Smalltalk mit Verwandten auf der Weihnachtsfeier. Als einziges Familienmitglied, das das Dorf verlassen hat und in die Stadt gezogen ist, bekomme ich nicht selten im Laufe meines Besuchs auf der großen Familienfeier nach längerem, unangenehmem Schweigen als einleitende Frage zu hören: »Und … was tut sich so in Wien?« Ich suche bis heute nach einer passenden Antwort. Was genau meinst du, Tante Irmi? Möchtest du damit wissen, wie es *mir* in letzter Zeit so geht, oder möchtest du Hard Facts über die Stadt Wien, wie Wohnbauförderung und Arbeitslosenquote? Ich tippe mal darauf, dass Irmi wissen möchte, wie es mir so geht, aber das Problem ist, dass viele meiner Verwandten mir so fern sind, dass es auch komisch wäre, wenn ich einfach von meiner vergangenen Woche erzählen würde: »Ach, Selma und ich haben uns ein bisschen gestritten und dann hatte ich Probleme mit einem Kunden bezüglich der Insights für mein letztes Posting, aber sonst passt alles.« Ohne Zweifel sieht Irmi mich dann an wie ein Reh im Scheinwerferlicht, bevor es von einem Pick-up-Truck überfahren wird. »Okay …wer ist Selma und …was arbeitest du überhaupt?« Richtig gelesen! Für viele meiner Verwandten ist mein Mischmasch-Beruf als Influencer und Comedian so ungreifbar, dass mindestens einmal pro Familienfeier der Hammergag »Influencer? Das klingt ja wie eine Krankheit. Ist aber nicht ansteckend, oder? *zwinker-zwinker*« fällt, den ich ja in meinem ganzen Leben *überhaupt noch nie* gehört habe. Deswegen antworte ich in der Regel einfach mit »Alles gut, und bei dir?«

Als Comedian auf Weihnachtsfeiern? Lieber nicht.
Bereits im August trudeln die E-Mails ein, in denen ich gefragt werde, ob ich denn daran interessiert wäre, auf der Weihnachtsfeier eines Unternehmens ein paar Gags zu erzählen; eine Frage, auf die ich so schnell mit »Nein!« antworte, als hätte mir gerade jemand vorgeschlagen, Kokain in einem kleinen Löffel anzuzünden und die Dämpfe einzuatmen. Das mache ich einfach nicht, und das, obwohl das Geld spektakulär sein soll (das soll was heißen, denn für spektakuläres Geld mache ich einiges; ich war schon mal Testimonial für Dosenthunfisch!). Weniges klingt für mich weniger reizvoll, als vor einem Raum betrunkener Anzugträger, die sich nach dem dritten Eierlikör ebenfalls für professio-

nelle Comedians halten, meine kleine Show abzuziehen. Nicht umsonst bezeichnet man in der Unterhaltungsbranche die Gage für Auftritte auf Weihnachtsfeiern gerne auch als »Schmerzensgeld«.

Warum muss man sich Weihnachten für zuhause schick machen? Man verbringt zwei Stunden damit, sich zu duschen, die Haare zu richten, vielleicht Make-up aufzutragen und sich was Schönes anzuziehen, nur um dann … ins Wohnzimmer zu gehen, wo man festlich gekleidet – allerdings ohne Schuhe – am Sofa chillt, so als wäre das Wohnzimmer ein besonderer Ort mit einem strikten Dresscode, in dem man in den Tagen zuvor nicht einfach in einer löchrigen Jogginghose voll von Chipsstaub Zeit verbracht hätte.

Zu Weihnachten die Wohnung zu putzen ist für mich ein Albtraum. Vielleicht habe ich noch ein kleines Trauma aus meiner Kindheit, als meine Eltern mal wieder den Besuch des Christkinds als Druckmittel verwendet haben, um mich dazu zu bekommen, mein Zimmer aufzuräumen. »Wenn dein Zimmer nicht aufgeräumt ist, kommt das Christkind nicht!«, haben sie mit drohendem Unterton gesagt, so als wäre es diesem magischen Wesen nicht scheißegal, ob meine Hose schlampig am Schreibtischsessel drapiert oder zusammengefaltet in meinem Kleiderschrank liegt. Bis zum heutigen Tag weiß ich: »An Weihnachten muss es sauber sein!« und schrubbe schon eine Woche vor dem Heiligen Abend sämtliche Ecken meiner Wohnung, bis sie blitzblank sind … nur, um dann einen spinnenbesetzten, nadelnden Weihnachtsbaum in meiner sauberen Wohnung zu errichten, der sie sofort wieder verdreckt. Nicht nur das, wir neigen ja auch noch dazu, in unser frisch geputztes Zuhause sofort fremde Leute mit ihren Kindern und Hunden einzuladen, so als wäre es uns ein großes Anliegen, so schnell wie möglich wieder Chaos einkehren zu lassen. Stoppt den Wahnsinn! Entweder, wir lösen uns von dem Anspruch, dass an Weihnachten alles blitzblank geputzt sein muss. Dann kann ich nämlich einfach Freunde mit ihren Kids und Vierbeinern zu einer Feier bei mir zuhause einladen, die all das Flair einer Abrissparty in einer baufälligen Ruine hat. Macht ruhig Dreck, es ist eh schon egal! Oder, ich putze meine Wohnung tunlichst bis in die letzte Ecke und darf sie dann wie ein Museum behandeln, in dem man hohen Eintritt bezahlen muss und dann nichts berühren darf.

Weihnachten vergesse ich innerhalb eines Abends, was ich monatelang in der Therapie gelernt habe. Wer dieses Buch bis hierher gelesen hat, wird kaum überrascht sein, dass ich ein eher nervöser Mensch bin, der sich gerne in Dinge reinsteigert. So geschieht es nicht selten, dass sich meine Anspannung in Zeiten des besonderen körperlichen und seelischen Stresses durch Atembeschwerden äußert, die ich mir natürlich nur einbilde: Habe ich viel um die Ohren und wird die psychische Belastung schleichend immer mehr, bekomme ich langsam das Gefühl, nicht mehr richtig Luft holen zu können und – ihr habt es erraten! – selten sind diese psychosomatischen Atembeschwerden so schlimm wie in der Weihnachtszeit. Meine Atemknappheit ist wirklich die einzige Tradition, die ich Jahr für Jahr aufrechterhalte.

Als ich noch regelmäßig in die Therapie gegangen bin, habe ich mit meinem Therapeuten aktiv daran gearbeitet, einmal ein Weihnachten ohne psychosomatische Symptome zu haben. Er hat mir sachlich erklärt, warum es zu diesen Atembeschwerden kommt, mir Entspannungsübungen beigebracht und mir gut zugeredet, dass dieses Weihnachten bestimmt entspannter werden würde. Das hat auch sehr gut geklappt, aber dann ist in der Vorweihnachtszeit spontan ein Familienmitglied eine Woche bei uns eingezogen, mein Freund und ich haben uns nahezu täglich gezankt und unsere Herdplatte hat aufgehört zu funktionieren, woraufhin ich nicht wusste, ob wir am Weihnachtsabend überhaupt warm essen würden können – muss ich überhaupt erwähnen, dass meine Atembeschwerden ein fulminantes Comeback hatten, wie ich es mir eigentlich nur von Britney Spears erwarte?

Und egal, wie oft mein Therapeut die Wichtigkeit der Grenzsetzung betont, egal, wie sehr ich mich bemühe, die unüberlegten Aussagen meiner Mitmenschen nicht an mich ranzulassen oder wie viele Bücher mit Titeln wie *Setze Grenzen und beginne, zu LEBEN!* ich lese: An Weihnachten vergesse ich *alles*, was ich je in Sachen Selbstentwicklung gelernt habe. Es genügt schon, wenn die Cousine dritten Grades mit leicht kritischem Unterton anmerkt, dass sie mich öfter in der Zeitung sieht als im realen Leben, und ich fauche grundlos: »Na und? Wenigstens habe ich keine Affäre mit dem örtlichen Metzger, Bettina!!!«, was nicht zuletzt die Frage aufwirft: Warum verbringe ich Jahr für Jahr Weihnachten mit Leuten, bei denen es mich schon auf die Palme bringt, wenn sie einfach ein bisschen zu laut atmen?

Warum muss der schönste Teil des Weihnachtsfestes immer im Nu vorbei sein? Ich gebe es ja zu: Selten aber doch gibt es Weihnachtsabende, an denen selbst in einem Grinch wie mir ordentlich Stimmung aufkommt und ich nicht insgeheim hoffe, dass der Weihnachtsbaum zu brennen anfängt. Ausnahmsweise verstehen sich mal annähernd alle, das Essen und das Trinken ist gut, mir ist warm und ich habe nicht aktiv das Gefühl, dass eine der anwesenden Personen mir ein Geflügelmesser in den Rücken rammen würde, wenn sie mit mir alleine wäre und die Gelegenheit dazu hätte. »So einen entspannten Abend nehme ich gerne im Austausch für die 23 stressigen Tage davor!«, denke ich mir gerade, als jemand ruft: »Okay, wir müssen jetzt los!« und gefühlt alle anderen Anwesenden mit »Ja, wir eigentlich auch!« zustimmen. Was? Wieso gehen jetzt alle? Wir hatten doch gerade mal 30 harmonische Minuten miteinander! Soll dieser eine schöne Abend jetzt wirklich schon wieder so schnell vorbei sein und erst nächstes Jahr – wenn wir Glück haben, die Sterne auf unserer Seite sind und sich alle nach wie vor gut miteinander verstehen – wieder kommen? Unmöglich!

Es mag ein absurder Vergleich sein, aber als jemand, der in seinen Singletagen eine Zeit lang vor allem auf der Suche nach Sex war, erinnert mich die Vorweihnachtszeit nicht selten an mein damaliges Datingverhalten, als ich disproportional viel Zeit damit verbracht habe, gewisse Männer zum

Abendessen auszuführen und ihnen stundenlang tief in die Augen zu schauen, nur um am Ende dieses gefühlt siebenstündigen Dates für gerade mal fünf Minuten mit ihnen im Bett zu landen. Das Verrückte daran: Sowohl bei Weihnachten, als auch bei meinen Dates habe ich den hohen Zeitaufwand nie bereut – diese kurzen, schönen Momente sind es mir wert.

Michis Tipps für die perfekte Weihnachtsparty

Bring ein Gastgeschenk mit, das man gleich konsumieren kann. Niemand braucht deine Kerzen oder die Lavendelseife aus dem Etsy-Shop deiner Schwester. Sei heldenhaft und kreuze mit einer Kiste Bier oder einem feinen Champagner auf. Legendenstatus erreichst du, wenn die Getränke auch noch gekühlt sind.

Setz dir ein Alkohollimit. Zwei Getränke, zum Beispiel. Je nach Anlass und Nervigkeit der anderen Gäste kann das ein Maximum oder ein Minimum sein.

Mach deine Runden im Raum. Es ist leicht, auf diesen Feiern gleich mal mit einer Person, die man vielleicht schon kennt, ins Gespräch zu kommen und dann den ganzen Abend mit ihr abzuhängen. Das ist nicht immer ideal, es sei denn, du hast die Absicht, die Unterhose dieser Person am Boden neben deinem Bett zu sehen – dann nur zu! Ich bin großer Befürworter davon, einfach nach 20 Minuten den Gesprächspartner zu wechseln, entweder mit einer flotten Lüge (»Hat da jemand meinen Namen gerufen?«) oder der Wahrheit (»Okay, ich geh jetzt mal mit Leuten reden, die nicht du sind!«). Man weiß nie, wen man auf diesen Feiern kennenlernt – vielleicht ja deinen zukünftigen Ex-Ehemann?

Sei direkt. Einmal war ich in der Woche vor Weihnachten auf einer Weihnachtsfeier mit fester Sitzordnung, bei der neben mir eine Person saß, die um jeden Preis neue Freunde finden und sie mit Zwang noch vor Weihnachten auf eine kleine Feier bei sich zuhause einladen wollte. Nachdem sie mich gefragt hatte, habe ich meinen klassischen Michi-Move gemacht, bei dem ich stark zu schwitzen anfange und an meinem Kragen ziehe, während ich »Puh … also ja, gerne, … hmm vor Weihnachten noch, ja könnte schwierig werden, aber gerne, vielleicht klappt's ja, muss mal schauen …« stammle, wo ich doch eigentlich »Nein!« meine. Dann hat sich diese Person ihrer anderen Sitznachbarin zugewandt und ebenfalls eine Einladung ausgesprochen, woraufhin diese absolute Königin mit »Ich suche keine neuen Freunde und unternehme nicht gerne etwas« geantwortet hat. Sie sollte eine Religion gründen.

Geh einfach nach Hause. Wenn du keine Lust mehr hast und es sich um eine Feier mit über 30 Leuten handelt, kannst du einfach klammheimlich gehen, ohne dich zu verabschieden. Wir überschätzen den eigenen Abgang oft ein bisschen: Den meisten Leuten ist es egal, ob wir gehen oder bleiben, und bestimmt haben sie keinen Bock, ihre affige Macarena-Tanzeinlage zu unterbrechen, damit sie dir »O nein, na okay, komm gut nach Hause …« sagen können, während sie pseudobetroffen nicken. Schreib einfach am nächsten Tag eine SMS und bedanke dich für die Einladung.

Meine neue Weihnachtsparty-Routine

Freudig darf ich euch berichten, dass ich – Michael Buchinger, Weihnachtshasser aus Leidenschaft – endlich eine Methode gefunden habe, um mich trotz meiner Abneigung gegen alle Events im Dezember, die nach 20:00 Uhr und nicht in meinem Bett stattfinden, hie und da auf Weihnachtsfeiern blicken zu lassen. Die Erleuchtung kam, als ich eine Dokumentation über Anna Wintour, Chefredakteurin der amerikanischen *Vogue*, sah.

Anna offenbarte darin, sie sei ebenfalls keine große Freundin von Feiern aller Art, wolle aber dennoch anstandshalber ab und zu mal auf eine Party gehen. Aus diesem Grund komme sie an, begrüße die Gastgeber, mache 15 Minuten Smalltalk und nehme dann klammheimlich ein Taxi nach Hause – oder zur nächsten Party, wo sie dieses Prozedere wiederhole. Mir war, als würde sich mir eine völlig neue Welt auftun – wie damals, als ich Curly Fries für mich entdeckt habe.

Ähnlich wie Stirnfransen und Sonnenbrillen-im-Dunkeln-tragen musste ich Anna Wintour auch diesen Trend nachmachen. Ihr müsst verstehen, dass die Weihnachtszeit für einen Selbstständigen wie mich wirklich nicht leicht ist. Klar, ich bin nirgendwo fest angestellt und daher gibt es auch keine Büroweihnachtsfeier, auf der ich mich betrinken und *just for fun* Zungenküsse mit einem Kollegen austauschen könnte.

Aber in den meisten Jahren kooperiere ich – weil ich Geld scheffeln möchte, als wäre ich Super Mario auf Münzjagd – mit so vielen Firmen, dass ich am Ende des Jahres auf dreißig verschiedene Weihnachtsfeiern eingeladen bin, auf die ich zwar nicht ausdrücklich gehen muss, aber bei denen es – angesichts des »Folgeauftrags«, dem heiligen Gral der Selbstständigen – doch ganz gut wäre, wenn ich kurz reinschneie und charmant bin.

Abgesehen davon, dass ich Weihnachtsfeiern nun wirklich nicht ausstehen kann, wird die Situation auch dadurch nicht besser, dass ich oft drei verschiedene Eventeinladungen für denselben Abend habe, weswegen ich schon überlegt habe, für solche Anlässe einen Michi-Buchinger-Doppelgänger einzustellen. Meine Ansprüche sind nicht hoch: Es muss einfach nur ein Typ sein, der mir annähernd ähnlich sieht und ebenfalls beim Lachen spuckt.

An dieser Stelle geht ein riesiges Dankeschön an Anna Wintour, die mir die Lösung für mein Erste-Welt-Problem auf dem Silbertablett servierte! Anstatt mir für die nächste Weihnachtsfeier eines wahnsinnig wichtigen Kooperationspartners eine ulkige Ausrede wie »Ich habe leider Durchfall« aus meinem Ausredenarchiv zu fischen, sagte ich frohlockend zu, kreuzte um 20:00 Uhr auf der Party auf, machte Smalltalk, posierte für Fotos (Beweismaterial!) und hinterließ um 20:15 nur eine Michi-Buchinger-förmige Staubwolke, um direkt auf die nächste Feier zu düsen.

Mithilfe dieses Kniffs aus der alten Wintour-Trickkiste konnte ich an einem Abend drei verschiedene Weihnachtsfeiern abklappern und es mir trotzdem bereits um 22 Uhr mit einer Wärmflasche im Bett gemütlich machen.

Und siehe da: Am Tag, nachdem ich diese Methode zum ersten Mal angewandt hatte, erhielt ich herzerwärmende E-Mails von allen Gastgebern, in denen sie beteuerten, wie schön es doch war, mich endlich wiedergesehen zu haben und dass sie sich bereits auf »die weitere Zusammenarbeit im kommenden Jahr« freuten. *KA-CHING!* Ich mich auch! Ihnen war nicht einmal aufgefallen, dass ich weniger Zeit auf dieser Feier verbrachte, als ich in der Regel unter der Dusche verbringe, weil sie so beschäftigt mit ihren 150 anderen Gästen waren.

Ich muss wohl nicht erwähnen, dass ich überglücklich bin, nun endlich einen Weg gefunden zu haben, meinen eigenen Willen durchzusetzen und dabei dennoch wie ein guter Kooperationspartner zu wirken. Solltet ihr mich also demnächst auf einer Party sehen, so achtet bitte darauf, den Smalltalk so kurz wie möglich zu halten: 15 Minuten, und ich bin schneller weg, als ihr »polnischer Abgang« sagen könnt. Anna Wintour sei Dank!

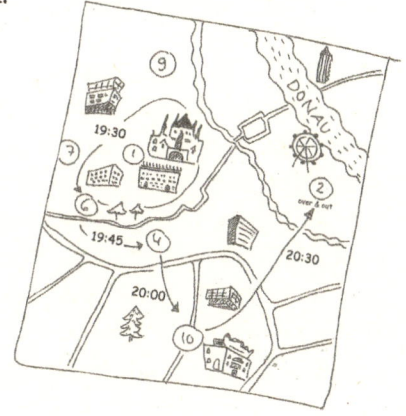

3. Essen & Trinken

Die Weihnachtsfeiertage sind wirklich hundsgemein: Sie stressen uns, rauben uns den letzten Nerv und bieten uns noch dazu durchgehend die vermeintliche Linderung für diese Stressfaktoren, nämlich die Möglichkeit, all unsere Gefühle zu essen oder uns mit Alkohol komplett aus dem Leben zu schießen. Das ist ein bisschen so, als würde man die nächste Verhandlung zwischen zwei politisch ganz unterschiedlichen Parteien in einem Messerladen abhalten und einfach mal hoffen, dass alles gut geht.

Nüchtern betrachtet ist es wirklich irre, welche abstrusen Dinge wir in der Vorweihnachtszeit aus Tradition konsumieren: Süße alkoholische Heißgetränke, die deine ganze Hand verkleben, falls nur ein kleiner Tropfen überschwappt, Weihnachtsgebäck in abstrusen Formen, das drei Stunden in der Zubereitung und 20 Sekunden für den Verzehr braucht, und sogar mehr Fleisch, als ich in dem Monat, nachdem ich beschlossen habe, kein Vegetarier mehr zu sein, zu mir genommen habe.

Bei diesem üppigen Angebot finde ich es oft wirklich schwierig zu widerstehen. Gegen ein kleines bisschen Genuss ist ja wirklich nichts einzuwenden, aber ich möchte mich im Dezember nicht unbedingt in einen Müllschlucker verwandeln, der bereits um 11 Uhr vormittags hackedicht ist und sich mit den Worten »Ach, diese 10 Feiertagskilo abzunehmen und meine neue Alkoholabhängigkeit loszuwerden, ist dann wohl das Problem vom Zukunfts-Michi!« noch ein bisschen mehr gönnt.

Ich hasse Punsch. Es tut mir leid, die grausame Wahrheit aussprechen zu müssen, aber Punsch ist ein Getränk für absolute Trinkanfänger, die Alkohol am ehesten runterbekommen, wenn er wie Großmutters Gewürzkuchen schmeckt, bei dessen Zubereitung ihr unabsichtlich die ganze Zuckerpackung in den Teig gefallen ist. Das ist schon okay und nichts, wofür man sich allzu sehr schämen müsste – ich persönlich bin aber einfach kein Fan von Getränken, gegen die selbst die knallsüßen Alkopops meiner Jugend wie purer Whiskey schmecken und nach denen ich das Gefühl habe, ich müsste umgehend eine Zahnreinigung durchführen lassen. Von heißem, süßem Alkohol wird mir leider ganz schnell schlecht und ich halte stets nach den Toiletten Ausschau, für deren Benutzung ich am Weihnachtsmarkt natürlich Eintritt zahlen muss. Erst machen sie dich betrunken und dann wollen sie dein Geld für die Klonutzung? Ich rieche eine Verschwörungstheorie.

Ich hasse auch alle anderen Weihnachtsgetränke, wie zum Beispiel Eierlikör. Über die Tatsache, dass es alle Gäste meiner Wohnungseinweihungsfeier im Jahr 2011 für völlig widerwärtig hielten, als ich ihnen meinen selbst gemachten »Speck-Wodka« anbot, während in der Weihnachtszeit ohne mit der Wimper zu zucken ein abscheuliches Gesöff aus Alkohol, Zucker und Eigelb getrunken wird, rege ich mich bis zum heutigen Tag sehr gerne auf. In meinen Augen handelt es sich dabei nur um die Erwachsenenversion der ekelhaften Vanillemilch, die die eigenartigen Kinder in der Schule früher immer getrunken haben. Als jemand, der am liebsten puren Wodka auf Eis trinkt, habe ich generell kein Verständnis für Liköre, in denen man nur, wenn man sich sehr stark anstrengt, einen Hauch Alkohol schmecken kann. Warum zwei Dinge, die im Rest des Jahres niemand so richtig mag – nämlich Eier und Likör – zur Weihnachtszeit plötzlich der Renner sind, verblüfft mich ohne Ende. Was als nächstes? Lakritzkäse? Rollmopstee?

Ein weiterer Kniff, um mich so richtig auf die Palme zu bringen, ist übrigens, mich in der Vorweihnachtszeit auf einen Kaffee einzuladen, nur um mich dann in einen dieser modernen Coffeeshops zu führen, in denen mir die Baristas mit sehr viel Nachdruck einen »Triple Saint Nick Ginger Bread Latte mit Marshmallow-Fluff« um 7,99 Euro andrehen wollen, an dessen Boden sich – wenn ich Glück habe – vielleicht sogar ein bisschen Kaffee befindet. Darf ich zu Weihnachten bitte einfach weiterhin entweder stilles Wasser, schwarzen Kaffee oder Wodka Martinis trinken? Ich kann auch eine gestreifte Zuckerstange in mein Glas hängen, wenn eurer Weihnachtsstimmung dadurch geholfen wird.

Gemeinsames Keksebacken ist ätzend. Meine Freundin Marlene lädt jedes Jahr zum gemeinsamen Backen ein; wie ein strenger Feldwebel teilt sie bereits kurz, nachdem die Gäste ihre Wohnung betreten haben, Rezepte für zehn verschiedene Kekssorten aus und trägt auf, wer welche Sorte backen muss. O mein Gott, Marlene, beruhig dich! Ich dachte, das »gemeinsame Backen« wäre ein Vorwand, sich bereits tagsüber zu betrinken und über gemeinsame Bekannte zu lästern. Backen ist anstrengend und dauert zu lange. Es klingt immer wie eine fantastische, vorweihnachtliche Beschäftigung unter Freunden, bis mir wieder einfällt, dass ich es gar nicht mag zu backen, sondern einfach nur gerne Gebackenes esse. Ein Besuch bei Marlene macht mir nur bedingt Freude, da sie mir außerdem stets verbietet, rohen Keksteig zu naschen, und kurz davor steht, mich bei jedem erneuten Versuch, es doch zu tun, mit einer Sprühflasche kalten Wassers ermahnend anzuspritzen, als wäre ich ein besonders freches Kätzchen. Am Ende des fünfstündigen Backmarathons geht dann jeder Besucher mit einem Potpourri aus zehn verschiedenen Keksen nach Hause, die ohne Zweifel als Geheimzutat meinen Schweiß und meine Tränen enthalten, was zwar ganz nett ist, aber nicht zuletzt die Frage aufwirft: Wusstet ihr, dass man Weihnachtskekse auch einfach kaufen kann?

Lebkuchenhäuser sind zu anstrengend. Ich kann noch nicht mal einen Papierflieger basteln, ohne dass mir dabei etliche Bau- und Planungsfehler passieren; wie soll ich das dann mit einem ganzen Haus hinbekommen? Und warum soll ich mühevoll etwas zusammenbauen, nur um es dann zu essen? Mittlerweile ist mein Geschmack übrigens so spezifisch und ausgefallen, dass ich mich keineswegs mehr mit einem ganz einfachen Lebkuchenhaus zufriedengeben würde, sondern am liebsten einen Lebkuchen-Mid-Century-Modern-Bungalow mit Pool bauen würde, und das klingt leider *noch* aufwändiger.

Leider ist Feiertagskost immer so ungesund: Weihnachtskekse, fettige Gans und so viel Alkohol, dass ich mir insgeheim wünsche, jemand würde mir am Heiligen Abend einen 28-tägigen Aufenthalt in der Betty Ford Klinik schenken. Habe ich mich dann ansatzweise von der Kohlehydrate-Überzufuhr der Weihnachtsfeiertage erholt, werde ich am Silvesterabend auch noch in die Versuchung geführt, Weißbrotwürfel auf einer kleinen Gabel aufzuspießen und in Käse zu dippen. Stoppt den Wahnsinn! Alle Leute, die sich jetzt denken: »Aber Michi, niemand zwingt dich, irgendetwas zu essen oder zu trinken!«, haben definitiv noch nicht meine Großmutter kennengelernt, für die »vegetarisch« bedeutet, ihre Schweinsschnitzel ausnahmsweise nicht in Schmalz, sondern nur in Öl zu frittieren, und welche androht, für die nächsten drei Monate nicht mit mir zu sprechen, sollte ich nicht auf der Stelle vier ihrer legendären Sacherschnitten verdrücken, wie ich es angeblich einmal im Sommer 1997 gemacht habe. Klar: Mit genug eiserner Willensstärke sollte es auch kein Problem sein, sich einigermaßen gesund durch die Feiertage zu navigieren, aber ich bin leider nicht wirklich für meine Willensstärke bekannt. Weihnachten und Silvester sind wie ein riesiges Minenfeld, in dem es nur so von saftigen, roten, mit Zuckerguss überzogenen Äpfeln wimmelt und ich hätte gerne einen Bissen. Und dann noch einen, und dann noch einen. Wäre es möglich, bei einem Weihnachtsessen zwischen all den Versuchungen vielleicht auch einen gesunden Salat anzubieten? Ich werde ihn nicht essen, aber ich hätte gerne die Option.

Ich hasse es, dass es während der Feiertage völlig normal ist, jeden Tag Alkohol zu trinken. Egal, ob auf Weihnachtsfeiern, beim »Punschen« oder beim ungezwungenen Weihnachtsbrunch mit Freunden: Wer gerne jeden Tag hackedicht sein möchte, hat während der Weihnachtsfeiertage massig Gelegenheit dazu und niemand wird mit der Wimper zucken. Gerade wollte ich schreiben »Natürlich zwingt einen niemand dazu, Alkohol zu trinken«, aber bei genauerer Überlegung fallen mir tatsächlich mehrere Situationen ein, in denen mich Freunde und Bekannte dazu gezwungen haben zu trinken, weil es einfach »netter ist, wenn alle trinken«, oder sie – in anderen Worten – einfach nicht alleine ihrer stetig wachsenden Alkoholsucht nachgehen wollten. Ich möchte auch in diesen Zeilen nicht so stark über andere urteilen, als wäre ich das uneheliche Kind von Richterin Barbara Salesch und Richter Alexander Hold, denn ich trinke ja selbst gerne Alkohol, doch mir fällt in den letzten Jahren unangenehm auf, dass ich Ende November bereits nach zwei Bier leicht beduselt bin, während ich mich Ende Dezember – nach einem Monat des nahezu täglichen Alkoholkonsums – auch nach einer Flasche Champagner fit genug fühle, um eine Boeing 747 in Betrieb zu nehmen. Das kann doch nicht gesund sein! Bis heute suche ich nach einer passenden Ausrede, um auf manchen Weihnachtsfeiern nichts zu trinken, aber meine einstige Standardausrede »Es tut mir leid, ich nehme gerade Antibiotika!« zieht leider nicht mehr, da mein Umfeld mittlerweile weiß, dass mich die Einnahme von Antibiotika noch nie vom Alkoholkonsum abgehalten hat. Die einzig *wirklich* angemessene Rechtfertigung ist: »Es tut mir leid, ich trinke im Dezember *generell* keinen Alkohol!«, aber das müsste ich dann natürlich konsequent durchziehen und gar kein Alkohol im Dezember ist – wie ich euch leider sagen muss – auch keine Lösung.

Mich nervt, wenn ich von Kindern gebackene Kekse vor ihren Augen probieren muss. Grundsätzlich ist es ja total süß, dass der vierjährige Laurenz Kekse gebacken hat und mir ganz stolz einen anbietet, den ich dankend annehme und laut lobe, so als handle es sich dabei um das schönste Gebäck, das ich je gesehen habe, und nicht um ein Stück Teig, das aussieht wie ein selbstgebastelter Tee-Untersetzer. Doch das reicht dem kleinen Racker offensichtlich nicht und er besteht darauf, dass ich seine Kreation vor seinen Augen verkoste. Es tut mir leid, aber das geht mir einfach zu weit. Laurenz ist natürlich ein wahnsinniger Wonneproppen, aber ein Blick auf seine Hände erweckt in mir den Verdacht, dass seine kleinen Grabbelfinger wahrscheinlich erst ganz tief in seiner Nase und dann auch schon in dem Teig des Kekses waren, den ich nun essen soll und so verwandelt sich diese nette Geste ziemlich schnell in eine waschechte Dschungelprüfung. Erst wende ich noch meinen klassischen Trick an, bei dem ich den Keks einfach mit der Hand hinter meinem offenen Mund vorbeischiebe, in der Hoffnung, dass Klein-Laurenz' Augen vielleicht noch nicht entwickelt genug sind, als dass er dreidimensional sehen könnte – aber weit gefehlt, er erkennt meine Scharade sofort: »Du musst den Keks schon essen!!!«, brüllt er und mir bleibt nichts anderes übrig, als ein Gebäck zu verzehren, das bestimmt die ein oder andere Geheimzutat enthält. Yum-yum-yum!

Als ich noch Vegetarier war, war es eine Tortur, meiner Verwandtschaft während der Feiertage zu erklären, was ich nicht esse. In unserer Gesellschaft gibt es offenbar noch immer große Verwirrung um den Begriff »Vegetarier«. Unsere Gespräche verliefen in etwa so:

»Ich esse kein Fleisch mehr.«

»Okay, aber den Karpfen isst du schon?«

»Nein.«

»Dann kann ich dir gerne ein Schinkenbrot schmieren!«

»Wie gesagt, ich esse kein Fleisch.«

»Hähnchen?«

»Gibt es nicht irgendwas Vegetarisches, wie zum Beispiel Gemüse?«

»Ja, ich habe vorher Zucchini frittiert.«

»Okay … ja gerne … solange du das nicht in Schmalz frittiert hast.«

»Oje. Schmalz isst du auch nicht? Warum?«

Diese Gespräche gingen in etwa so lange, bis die Köpfe aller Beteiligten explodiert sind. Der Grund, warum ich irgendwann wieder angefangen habe, Fleisch zu essen, sollte offensichtlich sein: andere Leute!

Ich hasse Leute, die über die Weihnachtsfeiertage Kalorien zählen, um nicht zuzunehmen. Man merkt ihnen an, dass sie ein paarmal zu oft Kalorientabellen studiert haben, da sie völlig grundlos Dinge sagen wie: »Ich würde gerne noch ein Vanillekipferl essen, aber eines davon hat 90 Kalorien«, bevor sie geknickt zu Boden blicken. Okay? Ich finde es ja toll, dass du offenbar so ein fittes Gedächtnis hast, dass du sämtliche Nährwertangaben der Speisen auf diesem Tisch in und auswendig kennst, aber könntest du diese Not-so-Fun-Facts lieber für dich behalten? Manche von uns haben vor, völlig reuelos so viel Nahrung zu uns zu nehmen, bis wir uns nicht mehr bewegen können. Wenn du so erpicht darauf bist, nicht zuzunehmen, kannst du ja die gute alte »80/20«-Herangehensweise probieren, dich 80 Prozent der Zeit gesund ernähren, danach Vanillekipferl naschen und dann auch noch die »Halt einfach dein verdammtes Maul«-Methode nutzen, um anderen Menschen nicht das Weihnachtsgebäck schlecht zu reden. Danke!

Warum darf man gerade Weihnachten nicht wirklich frei sein? Als arbeitender und/oder Schule oder Uni besuchender Mensch hat man ohnehin nur wenige freie Tage im Jahr und besonders die Weihnachtsfeiertage werden von manchen von uns aufgrund »äußerer Erwartungen« mit Leuten verbracht, die wir ohnedies nicht so gut leiden können. Als wäre das nicht schon eher suboptimal, fand ich die Weihnachts»ferien« während meiner Schulzeit oft besonders schlimm, nicht zuletzt aufgrund meiner Deutschlehrerin, die nicht selten in der letzten Stunde vor Weihnachten in riesigen Lettern »Eure Hausaufgabe: ENTSPANNEN! :)« an die Tafel schrieb, nur um dann in kleineren Buchstaben »Außerdem die Seiten 120 bis 270 in diesem Fachbuch lesen, eine Zusammenfassung darüber schreiben, für den Test am Tag nach

Ferienende büffeln und eine Erörterung zum Thema ›Was ist Freiheit?‹ verfassen.« Ich sage euch, was definitiv keine Freiheit ist: Dieses Arbeitspensum in den Ferien!

Der Geschmack des Betrugs

Ich würde durchaus behaupten, dass ich ein Mann vieler Talente bin: Ich habe noch nie ein Kind unter 10 Jahren getroffen, das mich nicht wahnsinnig unterhaltsam fand. Ich kann gut laufen und habe die Oberschenkel, um es zu beweisen, und verfüge außerdem über das geheime Talent, mein Gegenüber mithilfe meiner aufbrausenden Art davon zu überzeugen, in einer Sache viel fähiger zu sein, als das eigentlich der Fall ist. Mit einer Freudenträne in den Augen erinnere ich mich an mein 20-minütiges Uni-Referat zum Thema »Das Geschlecht der Pflanzen«, auf das ich Beifall und eine Eins bekommen habe, ohne genau zu wissen, was ich da überhaupt erzählt habe.

Allerdings ist das Kochen, wie ich euch leider sagen muss, definitiv keines meiner Talente. Als Kind einer begabten Hobbyköchin habe ich nie das Bedürfnis verspürt, Kochen zu lernen, wo Mama uns doch früher regelmäßig traumhafte Speisen und Torten serviert hat, die ich ohnehin nie hätte toppen können. Ich erinnere mich daran, einmal kurz in der Küche experimentiert zu haben, nachdem ich den Film *Julie & Julia* gesehen habe. Womöglich hätte ich als mein erstes Gericht in der Küche nicht gleich Hühnerleber wählen sollen. Den Geruch der verbrannten Innerei habe ich bis heute in der Nase.

Um ehrlich zu sein, komme ich ganz gut durch das Leben, ohne kochen zu können. Wenn Gott wollte, dass ich koche, warum hat er dann Restaurants und Lieferservices erfunden? In meinem Leben gibt es wenige Alltagssituationen, in denen es *absolut essentiell* ist, dass ich gut kochen kann. Noch nie hat jemand in meiner Gegenwart gerufen: »O mein Gott, dieser Mann ist gerade ohnmächtig geworden und braucht dringend was Proteinhaltiges zu essen! Kann hier jemand ein Eiweißomelette mit Champignons und Spinat zubereiten?« Eher ist es so, dass Freunde und Familie wissen, wie ungern ich koche, und diese Tätigkeit gerne für mich übernehmen. Danke, sehr nett!

Die einzige Jahreszeit, in der mir mein kulinarisches Nichtskönnen ansatzweise zum Verhängnis wird, ist natürlich die Weihnachtszeit. Nicht selten passiert es, dass mich dann Verwandte vom Land in Wien besuchen kommen und aus irgendeinem Grund erwarten, dass es in meiner Wohnung Nahrung gibt, die ich mit Besuchern teilen kann. Doch weit gefehlt! Ich kann aber gerne einen meiner Meal-Replacement-Shakes mixen und ihn euch mit drei Strohhalmen servieren, wenn ihr wollt? Es war jedoch der in meinem Freundeskreis jährlich stattfindende Christmas-Brunch, der mir einmal in der Vorweihnachtszeit so richtig zum Verhängnis werden sollte.

Der jährliche Christmas-Brunch mit meinen Freunden Tina, Leonie und Stefan ist eine Tradition, von der ich bislang nur profitiert habe: Jahr für Jahr treffen wir uns an einem Vormittag in der Vorweihnachtszeit, nehmen unsere aktuellen Gspusis mit und schlemmen und trinken meistens bis zum Abend. Die Zubereitung der vielen

Speisen bleibt immer am jährlich rotierenden Gastgeber hängen und ich war einfach davon ausgegangen, dass dieser Brunch nie bei mir stattfinden würde, es sei denn, die Leute *wollten* gerne ein paar Kaugummis und abgelaufene Goldbären snacken.

Doch da hatte ich die Rechnung ohne meine überkorrekte Freundin Leonie gemacht, die mir im vierten Jahr des Brunches partout keinen Freipass geben wollte. »Dieses Jahr ist *MICHAEL* als Gastgeber dran!«, bellte sie bedrohlich, als hätte sie eine persönliche Vendetta gegen mich. »Also ist es *MICHAELS* Aufgabe, uns mit Getränken und hausgemachten Speisen zu versorgen!«, erklärte sie und ich fragte mich, was ihr Problem war. War sie etwa noch immer sauer, weil ich im Suff über ihre Schulter gekotzt hatte? Das war doch *Jahre* her!

Zwar willigte ich aus schlechtem Gewissen ein, den Brunch bei mir zu veranstalten, aber bei aller Liebe zu meinen Freunden hatte ich nie auch nur für eine Sekunde in Betracht gezogen, sie *wirklich* zu bekochen – vielleicht ja genau, weil ich sie so sehr liebe und ihnen deshalb keine verbrannten, aber innen noch völlig rohen Pancakes aufwarten wollte. Da kam es mir wieder gelegen, dass die Kunst der Täuschung zufällig eines meiner größten Talente ist. Als routinierter Nichtkoch wusste ich ganz genau, auf welche Kniffe ich zurückgreifen musste, um eine hausgemachte Mahlzeit zu faken.

Dass ein Brunch zum Teil aus kalten Dingen bestehen darf, spielt kulinarischen Nieten wie mir natürlich herrlich in die Karten: Käse, Wurst und Gemüse auf einer Servierplatte zu drapieren bekomme selbst ich gerade noch hin, ohne die Küche in Brand zu stecken. Den Rest der Arbeit würde ich einfach andere Leute für mich erledigen lassen. Rechtzeitig bestellte ich belegte Brötchen von der Feinkosttheke des Supermarkts, kaufte zwei große, weihnachtliche Kuchen in der Konditorei meines Vertrauens und beschloss, als *pièce de résistance* für diesen Tag einen großen Topf Käferbohnen-Kürbiseintopf von der Goldenen Perle, dem Restaurant nebenan, zu ordern.

Das würde doch hoffentlich genug sein, um selbst die strenge Leonie zufriedenzustellen. Immerhin waren alle Speisen *hausgemacht*, nur eben nicht unbedingt von mir oder in meinem Haus. Die Drinks, die an diesem Tag fließen sollten, würde ich selbstredend höchstpersönlich zubereiten. Einen Wodka-Martini mit drei Oliven zu garnieren ist genau meine Art von Kochen.

Meine kleine Scharade lief zunächst wie am Schnürchen: Sämtliche kalte Speisen hatte ich bereits frühmorgens festlich auf der Brunchtafel drapiert. Um 10:45 Uhr wurde der Käferbohnen-Kürbiseintopf geliefert, ehe um Punkt 11 die ersten meiner Gäste eintrafen. Vorsichtig transferierte ich den Eintopf in einen großen Topf am Herd, um ihn noch mal aufzuwärmen und hatte auch schon die perfekte Antwort parat, falls mich jemand – bestimmt diese misstrauische Leonie – fragen sollte, was denn die Geheimzutat in meinem Käferbohnen-Kürbiseintopf war. »Käferbohnen und Kürbis!«, würde ich selbstgefällig antworten.

Ich fühlte mich gut dabei, dass mir offenbar mal wieder eine Täuschungsaktion gelungen war. Alle Gäste – selbst Leonie – schienen mir zu glauben, dass sämtliche Speisen tatsächlich in meiner Küche entstanden waren. Mit insgesamt weniger als einer Stunde Aufwand hatte ich einen gesamten Brunch gefaked und mir gleichzeitig drei weitere Jahre gesichert, in denen ich mich von meinem Freundeskreis bekochen lassen würde. Ich war einfach genial!

Beschwingt schenkte ich gerade mit der einen Hand Champagner ein und teilte mit der anderen »meine« belegten Brötchen an Thomas und seinen neuen Freund aus, als es an der Tür klingelte. Ehe ich die Flasche oder meinen Brotteller zur Seite legen konnte, rief Leonie auch schon: »Ich mach das schon!« und öffnete an meiner Statt die Tür. Aus dem Augenwinkel sah ich sie, wie sie interessiert zuhörte und ein paarmal nickte, ehe sie die Tür wieder schloss und mit einem diabolischen Grinsen, sowie einem kleinen Plastikcontainer in Händen auf mich zusteuerte.

»Das war der Lieferant von der Goldenen Perle«, zischelte sie mit erhobener Augenbraue, als sie bei mir angekommen war. »Er sagt, er hat den Minzdip für den Käferbohnen-Kürbiseintopf vergessen.« Hrmpf, dafür, dass ich gerade noch so hoch geflogen war, war ich ziemlich schnell ganz schön tief gefallen. In der Hoffnung, dass sie es für einen meiner klassischen »O Michi!«-Mo-

mente halten und köstlich darüber lachen würden, beichtete ich meinen Freunden, dass keine der ihnen vorliegenden Speisen *wirklich* aus meiner Küche kam.

»No Shit, Sherlock!«, meldete sich die bislang eher stille Tina zu Wort, die offenbar gerade einen Happen Essen im Mund hatte. »Das schmeckt alles viel zu gut, als dass es wirklich von dir kommen könnte«, erklärte sie dann und ich war direkt beleidigt, dass mein kulinarisches Nichtskönnen für sie Beweis genug im Fall »Alle gegen Michi« war. »Außerdem ist auf den Torten noch ein kleiner Schokotaler mit dem Logo der Konditorei drauf!« Hmm, offenbar war ich nicht nur faul, sondern auch ein bisschen achtlos.

Doch sehr zu meiner Überraschung nahm mir keiner meiner Gäste – nicht mal Leonie – meine kleine Scharade übel. Eher wirkten sie nach den großen Enthüllungen um einiges beschwingter – und vermutlich auch froh, dass sie nun, da sie wussten, dass die Speisen nicht aus meiner Küche kamen, ohne Sorge vor Salmonellen reinhauen konnten. Tina, Stefan und Leonie ordneten diesen kleinen Faux-pas definitiv als weihnachtlichen »O Michi!«-Moment ein. Puh, gerade noch Glück gehabt. Wie sagt man so schön? Zu einem gelungenen Weihnachtsbrunch gehören offenbar nicht nur Törtchen und Eintöpfe, sondern auch eine saftige Lüge.

4. Filme, Musik und Fernsehen

Manchmal wirkt Weihnachten auf mich wie ein soziales Experiment verrückter Wissenschaftler, die herausfinden möchten, wieviel sie der Menschheit zumuten können. »Hey, lasst uns während der stressigsten Zeit des Jahres immerzu dieselben Songs und Filme in einer Dauerschleife spielen und schauen, was passiert!«. Als wären die sonstigen Belastungen dieser Jahreszeit nicht schon schlimm genug, muss ich meinen Alltag jetzt auch noch mit Ohrwürmern bestreiten, die alle paar Tage wechseln, und mir nebenbei Filme über einen kleinen Jungen reinziehen, der von seiner Familie zuhause (oder in New York) vergessen wurde und mehr auf die Reihe bekommt, als ich, obwohl er erst acht ist und sich noch dazu gegen Einbrecher durchsetzen muss. Auch an Weihnachtsmusik und -filmen hasse ich so einiges, wie ihr in diesem Kapitel lesen werdet – zumindest, bis mir ein Regisseur eine Rolle in einem Weihnachtsfilm anbietet. Den finde ich dann natürlich ganz toll und werde behaupten, nicht bei klarem Verstand gewesen zu sein, als ich die folgenden Zeilen schrieb.

Ich hasse es, dass überall Weihnachtsmusik gespielt wird. Ich verstehe ja, dass es durchaus ökonomischen Sinn ergibt, in Einkaufszentren Weihnachtsmusik zu spielen, und das am besten so früh wie möglich. »Ach, es ist ja bald Weihnachten«, denke ich mir etwa, sobald ich am 1. November zum ersten Mal die sanften Klänge von »All I Want for Christmas Is You« höre und sehe es als musikalische Erinnerung daran, dass ich schön langsam anfangen könnte, Geschenke für meine Nichten und Neffen zu kaufen, die definitiv eine längere Wunschliste als Mariah Carey haben. Eher stört es mich, dass es im November und Dezember keinen Ort gibt, an dem wir vor Weihnachtsmusik sicher sind. Muss auf der Tankstelle wirklich »Jingle Bells« gespielt werden? Ich werde mir nämlich nicht wie aus dem Nichts denken »Ach ja, die Feiertage! Ich tanke heute mal lieber Bleifrei, als kleine Weihnachtsüberraschung an mich selbst!«, genauso wenig wie mich die jazzige »Cozy Christmas«-Playlist meiner Hautärztin dazu motivieren wird, mir heute gleich drei Muttermale entfernen zu lassen – man gönnt sich ja sonst nichts! Man ist nirgendwo vor Weihnachtsmusik sicher, daher würde ich es für eine sehr clevere Geschäftsstrategie halten, würden gewisse Shops zur Weihnachtszeit damit locken, keine Weihnachtsmusik zu spielen. »Kommen Sie rein, in unserer süßen Konditorei spielen wir nur Death Metal!« Mit Vergnügen!

Ich mag keine besinnliche Weihnachtsmusik. Wenn schon Weihnachtsmusik gespielt werden muss, bestehe ich auf schwungvolle, lebensbejahende Klassiker, zu denen ich Jazz Hands machen und mit Zylinder und Stock durch die Haferflocken-Abteilung des Supermarkts steppen kann. Für Weihnachtslieder gilt: Wenn es nicht in einer Version von Ella Fitzgerald existiert, möchte ich es nicht hören! Ich bin selten traurig, aber sobald die Klänge von Liedern wie »Es wird scho glei dumpa« oder »Es ist ein Ross entsprungen« erklingen, legt sich eine ungewohnte Finsternis über meine Seele, die das Verlangen in mir weckt, mir eine Zigarette anzuzünden und meine Handfläche an eine verregnete Fensterscheibe zu legen, während ich mich frage, was denn eigentlich der Sinn unseres Daseins ist. Das echte Leben ist trist genug: Wenn ich bedrückt sein will, lege ich keine Weihnachtsplatte auf, sondern schaue mir einfach die Abendnachrichten an. Mir entgeht natürlich nicht, dass diese scheißtraurigen Weihnachtslieder sehr oft aus Deutschland oder Österreich kommen, weil wir es offenbar einfach lieben, zu leiden. Vielleicht kann ich aber auch Kapital daraus schlagen, und meinen eigenen Weihnachtssong schreiben, in dem ich über all die Leute singe, die je gestorben sind, sowie über die immer größer werdende Kluft zwischen Arm und Reich – wir sehen uns an der Spitze der Hitparade!

Ich hasse rührselige Weihnachtswerbung, die bewusst auf die Tränendrüse drückt. Ich erinnere mich da etwa an die Werbung einer Supermarktkette, in der eine Familie ihrem alternden Großvater sagt, dass sie ihn dieses Jahr an Weihnachten leider *schon wieder* nicht besuchen können. Sorry, du alter Sack! Daraufhin täuscht der kesse Opa seinen eigenen Tod vor, woraufhin seine Familie in sein Haus fährt, wo er sie mit den Worten »Wie hätte ich euch denn sonst alle zusammenbringen sollen?« überrascht. Abgesehen davon, dass es äußerst wunderlich ist, dass keiner von ihnen dachte, es handle sich um einen wiederauferstandenen Zombie, dem sie an Ort und Stelle mit einer Schaufel den Garaus machen müssen, finde ich solche rührseligen

Werbungen geschmacklich sehr grenzwertig. Meine eigenen Großeltern müssten nur sagen: »Hey Michael, es gibt Torte!«, und ich würde selbst inmitten des schlimmsten Unwetters innerhalb von fünf Minuten bei ihnen sein.

Mit schlechten Weihnachtsfilmen kann man mich jagen. Besonders in den letzten Jahren. Ihr wisst schon, welche ich meine: Die von Lifetime oder Hallmark, in denen eine Schauspielerin, die wir vor 20 Jahren alle mal ganz gut fanden (Tante Becky aus *Full House*, Gretchen aus *Girls Club* oder einfach Tori Spelling – die geht immer) in einer ganz seichten Liebesgeschichte zusammen mit einem männlichen Stück Fleisch mit Bart spielt. Die Handlung dieser Filme ist immer in etwa »Eine erfolgreiche und gestresste Geschäftsfrau aus der *großen Stadt* (welche Stadt das genau ist, wird nie geklärt und ist auch nicht weiter wichtig) muss zurück in ihr Heimatdorf, um die süße kleine Bäckerei ihrer alternden Tante zu übernehmen. Eigentlich möchte sie sie verkaufen, doch ihre Pläne ändern sich, als ihr der verwitwete Mehllieferant den eigentlichen Sinn von Weihnachten näher bringt: Sex im begehbaren Keksekühlschrank«. Diese Filme werden ausnahmslos immer in Vancouver gedreht und vom Drehstart bis zur Fertigstellung dauert es gefühlt drei Wochen, weil bei B-Movies dieser Art jeder Take, in dem die Hauptdarsteller nicht ohnmächtig werden, ein absoluter Wahnsinns-Take der Spitzenklasse ist.

Szene 151   3 2
Sex mit
Mehllieferant

Spendenshows im Fernsehen gehen mir auf die Nerven, zumindest wenn sie schlecht gemacht sind und zu sehr auf die Tränendrüse drücken. Mein weiches Herz erträgt es einfach nicht, einen rührseligen Einspieler über einen fußballfanatischen kleinen Jungen zu sehen, der jedoch keine Beine hat und für den Beitrag gezwungen wird, dem Fußballspiel seiner Freunde zuzusehen, während er traurig am Rande des Feldes sitzt und Trübsal bläst, bevor er von seinem liebsten Fußballstar überrascht wird – unser Signal, nun endgültig einen Heulkrampf zu bekommen und sofort 1 000 Euro zu überweisen. Ich verstehe es schon: Das Fernsehen braucht emotionale Bilder und Geschichten, aber meiner Meinung nach werden die Grenzen der Geschmacklosigkeit sehr schnell überschritten, etwa, als es einmal in einer dieser Shows eine spezielle Tanzeinlage von Tänzern mit Behinderung gab und irgendjemand von der Technik es für eine gute Idee hielt, den gesamten Raum mit Bühnennebel zu füllen, woraufhin ein Tänzer nach dem nächsten die Treppen runterstürzte. Was zeigt ihr mir in diesem wunderbaren Beispiel von »Qualitätsfernsehen« wohl als nächstes? Eine Frau ohne Arme, die gerne DJ sein will, mit einem rührenden Beitrag, in dem sie gezwungen wird, für die Kamera mit ihrem Kinn eine Schallplatte zu scratchen und kläglich daran scheitert?

Wem gefallen denn »Christmas Specials«? Also diese hastig zusammmengestellten TV-Sendungen, in denen Musiker wie Mariah Carey oder Michael Bublé durch einen besinnlichen, schwungvollen Abend führen und mithilfe von unzähligen Gaststars einfach nur ihr neues Weihnachtsalbum bewerben möchten. Vielleicht bin ich ja in der Minderheit, aber ich möchte wirklich nicht sehen, wie Lady Gaga ein weihnachtliches Duett mit den Muppets singt.

Weihnachtsfolgen von Fernsehserien sind nicht besser. Sie sind einfach immer eigenartig. Wieso würde man eine Folge produzieren, die nur in einem Monat im Jahr so richtig funktioniert, und sich selbst dann so falsch anfühlt, wie der Zungenkuss einer Nonne? Selbst die zynischste TV-Show wird in ihrer Weihnachtsfolge zu einem Tränendrüsen-Spektakel mit all dem Kitsch einer *Full House*-Folge, in deren letzten Minuten sich alle umarmen und einander frohe Feiertage wünschen, bevor sie konspirativ in die Kamera zwinkern. Nein, danke schön! Warum bekommt Weihnachten diese Spezialbehandlung? Wo bleibt die Osterfolge von *Friends*, in der Monica 500 handgefärbte Eier in ganz New York versteckt und Phoebe sich mit einem Hasen anfreundet? Warum gibt es keine Weltspartagfolge von *New Girl*, in der die WG-Mitbewohner Münzen in der Sofaritze suchen und zur Bank bringen?

Ich hasse Vlogmas. So nennen es YouTuber, wenn sie in der Vorweihnachtszeit an jedem einzelnen Tag ein Video hochladen, in dem sie ihren Alltag begleiten und sich bei den Vorbereitungen auf das Weihnachtsfest zeigen, was bei mir nicht zuletzt die Frage aufwirft: Warum würde jemand dabei zusehen wollen, wie ich stetig frustrierter werde und von Tag zu Tag früher anfange zu trinken? Für diese plötzliche Flut an Content gibt es natürlich einen ganz spezifischen Grund, der wenig überraschend nicht wirklich etwas mit weihnachtlicher Nächstenliebe zu tun hat: Zur Weihnachtszeit steigt der Tausenderkontaktpreis auf sozialen Netzwerken wie YouTube und Co. und Content-Creators bekommen mehr Geld für die Werbungen, die in ihren Videos eingespielt werden. Je mehr Videos sie machen und je länger diese Videos sind, desto mehr Geld verdienen sie, weswegen es mir plötzlich gar nicht mehr so »besinnlich« erscheint, einer Bloggerin jeden Tag 20 Minuten lang dabei zuzusehen, wie sie ganz genüsslich und langsam den Weihnachtsbaum schmückt oder die Wohnung putzt. Seid euch gewiss: Sie macht das nur so langsam, weil sie mehr Geld bekommt, je länger wir dranbleiben.

Warum müssen an Weihnachten jedes Jahr dieselben Filme gespielt werden und wir aber dennoch so tun, als wären sie absolute Blockbuster, die wir noch nie gesehen haben? »Es war sehr schön mit dir, Michi, aber jetzt muss ich schnell nach Hause und *Kevin allein in New York* schauen«, hat sich eine Freundin etwa letzten Dezember hastig bei mir verabschiedet. Ähm … den Film, den wir alle bereits 36-mal gesehen haben? Sag doch einfach, dass du mich anstrengend findest und die Situation gerne verlassen möchtest, aber bitte komm mir nicht mit solchen faulen Ausreden. Das TV-Programm während der Weihnachtsfeiertage geht mir aber wirklich auf die Nerven, denn man merkt einfach, dass die Filme bewusst so gewählt wurden, dass man als Zuschauer selbst erst nach 35 Minuten und mit 2,5 Promille einsteigen und dennoch ganz genau dem Plot folgen kann, weil wir alle schon so oft *Sister Act* gesehen haben, dass wir selbst mitsprechen und mitsingen könnten, würde uns jemand um 4 Uhr morgens aus dem Bett zerren und unter vorgehaltener Waffe dazu zwingen.

Frozen finde ich ätzend, und ein Blick in jede Spielwarenhandlung in meiner Umgebung weckt in mir den Verdacht, dass die Idee für diese Filme einfach in einem Merchandising-Meeting bei Disney entstanden ist. »Wir brauchen dringend einen Film, der winterlich, aber nicht weihnachtlich ist«, hat bestimmt ein quirliger Mitarbeiter gesagt und dabei energisch auf den Tisch getrommelt, »damit sich jedes Kind auf dieser Welt zwar rund ums Jahr diese Geschenkartikel wünscht, zu Weihnachten aber ganz besonders!« Dann hat sich bestimmt einfach irgendjemand diese dünne Story rund um Elsa und ihre Schwester Anna ausgedacht und da haben wir den Salat: Sämtliches Spielzeug, das es je für Kinder gegeben hat, können wir nun auch in der dreimal so teuren *Frozen*-Ausführung kaufen. Wäre mir danach, so könnte ich für meine Nichten und Neffen eine Elsa-Puppe kaufen, sie in Elsa-Geschenkpapier einpacken und zum gemeinsamen Treffen auf einem Elsa-Scooter vorfahren, doch das wäre so beknackt, dass ich danach ohne Zweifel eine Elsa-Kotztüte brauchen würde, um mich von meiner Scham zu erleichtern. Natürlich bin ich nur neidisch, weil die richtig guten und lukrativen Ideen natürlich immer die anderen Leute haben. Ob es wohl zu spät für mich ist, ein ähnlich erfolgreiches Filmfranchise zu erfinden? Wie wäre es mit einer rührenden Geschichte über eine kleine, rauchende Muschel, die ihre Zigaretten liebt aber von allen anderen ausgeschlossen wird, da sie Rauchen ekelhaft finden? Ich habe die Idee noch nicht ganz ausgereift, aber ich glaube, dass ich mit den

Merchandisingartikeln sowohl Kinder, als auch rauchende Erwachsene abholen könnte.

Bei *Kevin allein zu Haus* und *Kevin allein in New York* frage ich mich, wie es sich wohl auf mich ausgewirkt hat, im frühesten Kindesalter solche gewaltverherrlichenden Filme zu sehen. Ist das etwa der Grund, warum ich sofort einen Farbeimer an einer Schnur befestigen und gegen den Kopf meines Gegenübers werfen will, sobald mir jemand auch nur ein bisschen auf die Nerven geht? Habe ich etwa *deswegen* als Jugendlicher darüber fantasiert, die Haare meiner Lehrer anzuzünden? Außerdem kommt es mir komisch vor, dass wir alle es völlig normal finden, wie Kevins merkwürdige Großfamilie ihn kontinuierlich irgendwo vergisst und ich verspüre das dringende Verlangen, das Jugendamt auf die McCallister-Familie anzusetzen, und das nicht nur, weil sie ihren Kindern ulkige Namen wie »Buzz« und »Sondra« gegeben haben. Als verhältnismäßig unscheinbares Kind hatte ich nach diesen Filmen ständig die Angst, dass mir ein ähnliches Schicksal blüht, woraufhin ich eines dieser anstrengenden Kinder wurde, das keinen Millimeter von der Seite seiner Eltern weichen wollte, aus Sorge, ich könnte vergessen werden und mich daraufhin gezwungen sehen, zwei Einbrecher zu überlisten. Seht es ein: Die »Kevin«-Filme sind eigentlich Horrorfilme!

Ich hasse *Tatsächlich Liebe*. Man könnte meinen, zwischen mir und diesem Film ist es »Tatsächlich Hass«. Aber zur Verteidigung dieses grottigen Streifens muss ich gestehen, dass ich generell keine Episodenfilme mag, in denen es alle drei Minuten um andere Charaktere geht. Gerade als der einzig erträgliche Handlungsstrang zu sehen ist – der mit dem kleinen Jungen und seinem Stiefvater –, wechselt die Szene und wir müssen wieder Hugh Grant als mit seiner Angestellten flirtenden Premierminister ertragen, was in einer Post-#Metoo-Ära nicht mehr ganz so leicht anzuschauen ist. Können wir aufhören, so zu tun, als wäre *Tatsächlich Liebe* ein guter Film und nicht einfach eine starbesetzte Clipshow auf Rosamunde-Pilcher-Niveau?

Auch *Liebe braucht keine Ferien* geht mir auf den Geist. Grundsätzlich mag ich die Filme der Regisseurin Nancy Meyers – wie etwa *Wo die Liebe hinfällt* oder *Was das Herz begehrt* – ja ganz gern, da sie meistens von reichen, älteren Damen handeln, die ihr bestes Leben leben und sich die Zeit in ihrem Strandhaus in den Hamptons mit Liebeleien – gerne auch mal mit jüngeren Männern – vertreiben. Also eigentlich genau so, wie ich mir mein Leben ab 35 vorstelle. Klar, ihre Arbeit ist mittlerweile auch ein bisschen problematisch: In allen sechs Filmen, bei denen sie bisher Regie geführt hat, sieht man genau *einmal* eine schwarze Person, die – wie ich euch leider sagen muss – ein Kellner ist, der kurz im Hintergrund vorbeihuscht. Ihr schlechtester Film ist meiner Meinung nach *Liebe braucht keine Ferien*, der davon handelt, dass Cameron Diaz und Kate Winslet zur Weihnachtszeit Häuser tauschen. Wenn ihr mich fragt, schon mal ein völlig irrer Plot; ich kann nicht mal online meinen alten DVD-Player verkaufen, ohne ausschließlich auf Verrückte zu stoßen, die mir auch gleich meine getragenen, weißen Socken abknöpfen möchten. Aber Häuser tauschen? Was, wenn die andere Person sorglos mit meinen kristallenen Martini-Gläsern hantiert? Egal, das ist es ja noch gar nicht mal, was mich an diesem Film stört. Vielmehr nervt mich, dass dieser 130 Minuten lange Film eigentlich zwei Filme in einem ist: Der eine ist eine ganz klassische romantische Komödie, in der Cameron Diaz in ein verschneites kleines Häuschen zieht und sich in Jude Law verliebt, woraufhin sie die Sorte Filmsex mit ihm hat, bei der sie ihre Unterwäsche anlässt. Top Entertainment! Es ist jedoch der Kate-Winslet-Teil dieses Films, bei dem ich gerne mal ausgedehnte Klopausen mache oder besonders gefinkelte Sandwiches in der Küche zusammenstelle, denn Kate Winslet spielt eine Trübsal blasende Frau, die es sich erst zum Projekt macht, sich um einen alten Mann zu kümmern (weshalb ich bei jedem erneuten Ansehen Sorge habe, dass dieser Kerl – wie das in herzzerreißenden Filmen so oft der Fall ist – jeden Moment sterben könnte) und dann auch noch Jack Black datet, der – wie ich finde – wirklich in keinem Filmgenre außerhalb der derben Kiffer-Komödie etwas verloren hat. Liebe braucht vielleicht keine Ferien, aber ich brauche Ferien, um mich von diesem anstrengenden Film zu erholen.

Warum nur ewig *Eine Weihnachtsgeschichte*? Als Charles Dickens 1843 seine Weihnachtsgeschichte veröffentlichte, in der ein fieser alter Mann von den Geistern der vergangenen, diesjährigen und zukünftigen Weihnacht besucht wird, konnte er ja nicht ahnen, dass sein Werk über zweihundertmal adaptiert – oder eher malträtiert – werden würde. Selbst von mir, in einem besonders schlechten YouTube-Video aus dem Jahr 2010. Jedes Jahr lässt sich Hollywood einen neuen Twist einfallen, der bei mir den Eindruck erweckt, als hätten die Macher dieser Filme ein riesiges Glücksrad im Büro, an dem sie für neue Adaptionen der alten Geschichte drehen. »Okay, in dieser neuen Version ist die Hauptfigur eine …« – hier drehen sie am Rad – »gewinnorientierte, lesbische Wurstverkäuferin, die …« – wieder drehen sie am Rad – »dem großen Weihnachtsfest des Dorfes mit einer Bombendrohung den Garaus machen will, aber dann erscheinen ihr drei Weihnachtsgeister, die …« – ein letztes Mal wird das Rad in Bewegung gesetzt – »Mitglieder einer A-cappella-Gruppe sind und ihr Songs über den eigentlichen Sinn der Weihnacht vorsingen. Ich glaub, wir haben's!« Es tut mir leid, aber ich kann es einfach nicht mehr sehen und verstehe auch nicht, was der nie enden wollende Reiz an dieser Geschichte ist, die wir nun alle bereits dutzende Male gesehen und gehört haben, wo es doch unzählige Geschichten gibt, die spannender sind. Anders gefragt: Warum gibt es über 200 Adaptionen von *Eine Weihnachtsgeschichte*, aber nur zwei *Mamma Mia!*-Filme?

Und warum muss gefühlt jeder Musiker irgendwann ein Weihnachtsalbum veröffentlichen, getreu dem Motto: »Es wurden wirklich schon alle Weihnachtslieder gesungen, nur noch nicht von jedem!« Ich erkenne darin den Versuch, den Erfolg von Mariah Careys Weihnachtsalbum mit dem einfallsreichen Titel »Merry Christmas« nachzuahmen, der eigentlich völlig überraschend war: Dieses Album war erst Mariahs viertes und erschien zu einer Zeit, in der Weihnachtsalben ausschließlich von Musikern veröffentlicht wurden, die ihrer Karriere leise »Lebewohl!« hauchen wollten. Doch »Merry Christmas« war – nicht zuletzt wegen »All I Want for Christmas Is You« – sehr erfolgreich und seitdem dürfen wir uns Jahr für Jahr über Weihnachtsalben von Künstlern freuen, die all die Aufmerksamkeit und Promo-Termine eines neuen Albums wollen, ohne den Aufwand, sich tatsächlich etwas Neues überlegen zu müssen. Weihnachtsalben sind in meinen Augen nichts anderes als schnelle Geldmacherei, bei der die Leute mehr oder weniger ihren weihnachtlichen Karaokeabend auf CD brennen und Geld dafür wollen. Gut, die Bemühteren unter ihnen klatschen noch ein bis zwei »Original Christmas Songs« auf die Platte, in der Hoffnung, dass diese neu komponierten Tracks ebenfalls moderne Klassiker wie »All I Want for Christmas Is You« werden, aber ganz ehrlich: Wer von uns singt denn bitte an Weihnachten »At Christmas« von Kylie Minogue? Eben!

Noch mehr nervt es mich, wenn Künstler augenzwinkernd andeuten, dass »bald ein neues Album kommt«, nur um schließlich zu enthüllen, dass es ein Weihnachtsalbum ist. Da werde ich als Fan stinksauer und fange zumeist so laut zu schreien an, dass alle Lichter im Raum zu flackern anfangen. Ich warte doch nicht gebannt auf ein neues Album der »Queen of Ska« Gwen Stefani und erhoffe mir von Reggae inspirierte Beats und kesse Lyrics, nur damit ich dann ein Weihnachtsalbum und ihre Version von »Jingle Bells« bekomme. Weihnachtsalben sind einfach faul und einfallslos und ich kann es kaum erwarten, in spätestens zehn Jahren mein eigenes zu veröffentlichen.

»All I Want for Christmas Is You« geht mir auf die Nerven, ganz besonders die herablassende Message des Songs, denn Mariah Carey betont gleich mehrmals, dass sie sich zu Weihnachten wirklich nicht viel wünscht, *bloß dich*. Wie bitte? Bin ich denn nicht der teuerste Schatz auf dieser Welt? Und so sehr ich Unternehmertum normalerweise schätze, geht es mir auch auf die Nerven, dass Mariah Carey ihren einen Christmas-Hit seit Jahrzehnten ausschlachtet und sich Jahr für Jahr was Neues aus den Fingern zieht, wie die »Extra Festive Version« oder die »Super Festive! Version (feat. Justin Bieber)«. Klar, ich bin ganz für kreatives Recycling, nicht umsonst erzähle ich manche meiner Witze – und sie müssen nicht mal sonderlich gut sein – seit meiner Jugend, aber es würde mir nie einfallen, den Leuten vorzugaukeln, dass es sich dabei auch nur ansatzweise um was Neues handelt, indem ich von »Michis Peniswitz (Extra Festive Version)« spreche und im Hintergrund einfach ein paar zusätzliche Glocken klingeln lasse.

Ich hasse »Do They Know It's Christmas?«. Natürlich sind die Intentionen hinter diesem Song – wie übrigens bei den meisten Dingen, die mir tierisch auf die Nerven gehen – gut: 1984 haben Bob Geldof und Midge Ure dieses Lied geschrieben und mit einer Vielzahl an britischen Superstars aufgenommen, um auf die Hungersnot in Äthiopien aufmerksam zu machen. Supi! Leider handelt es sich dabei aber um die Sorte traurige Weihnachtsballade, die ich nicht am Weihnachtsmarkt hören kann, ohne danach vor Bedrücktheit einen Liter Glühwein zu trinken und mich danach andächtig in meinen Mantelärmel zu übergeben. Das Schlimmste ist ja, dass »Do They Know It's Christmas?« gerne mal bei weiteren Krisen neu aufgenommen wird. Toll! Als gäbe es nicht schon genug Leid auf dieser Welt, müssen wir dann auch noch eine neue Version dieses grottigen Liedes über uns ergehen lassen.

»Driving Home for Christmas« nervt mich total, weil dieses Lied im Radio an den Tagen, an denen man in der Regel tatsächlich nach Hause zu der Familie fährt, rauf und runter gespielt wird. Mich nervt, dass der Text dieses Songs als ironische Untermalung meines Feiertagsstresses dient, da Chris Rea es durchgehend so klingen lässt, als wäre es immer eine absolute Freude, nach Hause zu fahren, während ich am Weg dorthin ernsthaft überlege, ob ich nicht noch irgendwie eine kleine und harmlose Autopanne haben könnte, damit ich nicht kommen muss. Er besingt, dass er es kaum erwarten kann, das Gesicht gewisser Menschen zu sehen. Ähm … welches der zwei Gesichter meiner hinterlistigen Cousine Barbara meinst du, Chris?

Ich kann »Stille Nacht, heilige Nacht« nicht ausstehen, ein weiteres dieser besinnlichen Weihnachtslieder, die mich einfach nur traurig machen. Vor allem aber hasse ich den Song, da mich die holprig formulierte Textzeile »Gottes Sohn, o wie lacht« im Kindesalter zutiefst verwirrt hat und ich eine Zeit lang dachte, Gottes Sohn trage den äußerst ungewöhnlichen Namen »Owie«. Ich habe nie behauptet, ein sonderlich kluges Kind gewesen zu sein.

Und was ist von Weihnachtsliedern zu halten, in denen ein Kind seine Mutter bezichtigt, den Weihnachtsmann geküsst zu haben? Ja, es geht um »I Saw Mommy Kissing Santa Claus« und »Du hast den Weihnachtsmann geküsst«. Nichts schreit für mich mehr »Frohe Weihnachten und ein fröhliches neues Jahr!«, als Kinder, die ihre Mütter des Ehebruchs bezichtigen. Der »Witz« an diesen Songs ist natürlich, dass es sich beim Weihnachtsmann bloß um den verkleideten Vater des Kindes handelt, nur die Sache ist: Das Kind weiß das ja nicht und lebt jetzt wohl im Glauben, dass die Mutter diesen alten Sack im Gegenzug für ein paar Geschenke küssen muss. Tolle Message!

Und »I Wish It Could Be Christmas Everyday«? Was für eine Horrorvorstellung! Mir ist Weihnachten schon einmal im Jahr ein bisschen zu viel.

Ich habe selten ein so gruseliges Weihnachtslied gehört wie »Baby It's Cold Outside«. In diesem Duett betont die Frau wiederholte Male, dass sie jetzt mal besser gehen sollte, woraufhin der Mann darauf besteht, sie müsse unbedingt bleiben, bevor sich die Frau wundert, was denn überhaupt in ihrem Drink ist. Aaaah, zu so einem sexuellen Übergriff wippe ich ja richtig gerne weihnachtlich beschwingt mit dem Fuß! Lass die arme Frau doch einfach gehen.

Ich hasse Musiker, die in ihren Weihnachtsliedern mehr reden als singen. Und ja, damit meine ich euch, Mel & Kim! Euer Song »Rockin' Around The Christmas Tree« fühlt sich mehr an wie die geheime Audioaufnahme eines sich zankenden Ehepaars, bei der hie und da mal eine Note gesungen wird, als ein richtiges Weihnachtslied. Sobald ich bei meiner Verwandtschaft angekommen bin, werde ich genug streitende Leute im besten Alter belauschen können. Könnt ihr bitte einfach singen?

Dafür finde ich »Last Christmas« eigentlich ganz gut. Vielleicht liegt es ja daran, dass alle »Last Christmas« fürchterlich finden und ich mal wieder ein kleiner Fisch sein will, der gegen den Strom schwimmt, aber als jemand, der Synthpop liebt und sämtliche 80er-Jahre »Bad Taste«-Outfits so schön findet, dass er sie am liebsten an seinem Hochzeitstag tragen würde, halte ich »Last Christmas« für einen kulturellen Hochgenuss. Vom Inhalt des Songs ganz zu schweigen! Was kann man an einem hasserfüllten, verbitterten Refrain mit der Message »Ich hab dir mein Herz gegeben, aber du hast es achtlos weggeschmissen, also suche ich mir jetzt jemand Besseren als dich, du blöde Kuh!!!« nicht lieben? An dieser Stelle möchte ich ein paar Weihnachtslieder, die ich wirklich gut finde, natürlich nicht vorenthalten …

Michis liebste Weihnachtssongs

»Christmas Wrapping« – The Waitresses

Meiner Meinung nach der beste Weihnachtssong aller Zeiten. Die amerikanische New Wave Band »The Waitresses« singt aus der Perspektive einer gestressten Singlefrau darüber, dass sie Weihnachten dieses Jahr einfach mal auslassen will, nur um dann – als sie gerade den kleinsten Truthahn der Welt brät – dem Mann, mit dem sie sich schon das ganze Jahr über treffen wollte, im Supermarkt zu begegnen. Vom Inhalt des Songs mal ganz abgesehen, handelt es sich hier mehr um Sprechgesang, weswegen »Christmas Wrapping« der einzige Weihnachtssong ist, den selbst eine musikalische Niete wie ich auf der nächsten Weihnachtsfeier ohne Sorge performen kann.

»Hard Candy Christmas« – Dolly Parton

Endlich ein Weihnachtslied, in dem nicht alles happy-peppy ist, und die Protagonistin sich vor Freude über die Feiertage gerade noch davon abhalten kann, Saltos im Schnee zu schlagen: Dolly Parton, die in meinen Augen sowieso nichts falsch machen kann, singt darüber, dass sie sich am liebsten vom Acker machen, sich betrinken und die Haare färben möchte – also all meine Weihnachtsemotionen in einem Song.

»Christmas (Baby Please Come Home)« – Darlene Love
Ihr erkennt vielleicht ein Muster: Auch die Protagonistin
in diesem Lied ist, anders als ihr Umfeld, so gar nicht in
Weihnachtsstimmung, weil ihre Liebe nicht bei ihr ist, woraufhin sie sehnsüchtig »Baby, please come home!« jault.
Ein Song, den ich meinem Freund nur allzu gerne am Telefon vorsinge, wenn er während der Weihnachtstage drei
Minuten später als versprochen noch immer nicht zuhause
ist.

»Step Into Christmas« – Elton John
Hier gefällt mir, dass Elton John sind nicht enthusiastisch in
Weihnachten reinschmeißen und sich darin herumwälzen
möchte, sondern einfach mal vorsichtig und vermutlich etwas skeptisch einen Schritt in die Weihnacht wagt, wie ich
das bei Pools tue, wenn ich mir nicht sicher bin, wie kalt
das Wasser ist.

»Santa Baby« – Eartha Kitt
Ohne Zweifel der sexyste Weihnachtssong – und dann auch
noch so ehrlich. Eartha Kitt verliert kein Sterbenswörtchen
darüber, wie herrlich die Weihnachtszeit ist oder wie sehr sie
sich an fröhlichen Kindern erfreut. Nein! Stattdessen listet
sie einfach auf, welche materiellen Güter sie sich von Santa
Claus wünscht und klingt dabei wie ein Sugar Baby, das eine
lange Liste an Wünschen für seinen Daddy hat. Klar, die
Liste ist ein bisschen altmodisch: Sie wünscht sich Pelz, ein
hellblaues Cabrio und eine Yacht – und das bei diesen Ben-
zinpreisen! Eine modernere Alternative zu »Santa Baby«
ist der völlig verrückte Kylie Minogue Song »Oh Santa!«,

in dem sie sich unter anderem ein Schaumbad mit George Clooney wünscht. Wer nicht?

Silvester mit Nachwirkung

Ich war leider überhaupt kein cooles Kind. Während andere Jugendliche Bier aus Schläuchen tranken und sich keine Sorgen um morgen machten, waren es vielmehr panische Google-Suchen der Sorte »Crunchips Paprika KALORIEN?«, die mir schlaflose Nächte bereiteten. Wenn, dann machte ich mir ein bisschen zu viele Sorgen um morgen.

Von anderen als »zu artig zum Partymachen« abgestempelt, verbrachte ich selbst den Abend meines 16. Geburtstags damit, mir alleine bis in die frühen Morgenstunden ein Best-of meiner aufgezeichneten Folgen von *Richterin Barbara Salesch* anzusehen und danach ruhigen Gewissens einzuschlafen, während ich lächelnd »Gerechtigkeit siegt...« flüsterte.

Ähnlich stolz wie meine Altersgenossen offenbar darauf waren, dass sie zwar keine Erinnerung an das vergangene Wochenende mehr hatten, allerdings ohne Unterbekleidung und mit fragwürdigen Bissspuren aufgewacht waren, war ich stolz darauf, selbst nach meinem 16. Geburtstag noch keinen Tropfen Alkohol angerührt zu haben. Man möchte meinen, meine Eltern wären über mein Doris-Day-artiges Verhalten erfreut gewesen, doch ganz im Gegenteil: Da ich das jüngste dreier relativ rebellischer Kinder bin, führte mein für Jugendliche eher untypisches Benehmen zu großer Verwirrung im Hause Buchinger.

Was war nur schief gelaufen? Warum wollte ich meine pubertären Sorgen nicht in Alkohol ertränken, wie alle anderen normalen Kinder? Immer öfter bekam ich subtile Vorschläge seitens meiner Eltern zu hören: »Michael, möchtest du nicht vielleicht mal ausgehen? Du kannst so lange bleiben, wie du möchtest und auch Alkohol trinken, uns stört das nicht!« Es hätte mich nicht gewundert, hätte Mama mir noch ein bisschen Geld für Zigaretten zugesteckt.

Zwar war es Freunden vereinzelt bereits gelungen, mich auf Partys mitzuschleppen, jedoch brachten mich diese einzig und allein zu der Erkenntnis, dass ich andere Menschen – insbesondere betrunkene Gleichaltrige – hasste: Hier fand ich mich inmitten reizüberfluteter Teenies wieder, die fürchterliche Gemische wie Orangensaft mit Billigwodka kippten und, sicherlich auch aufgrund der Kombination aus Zucker und Alkohol, lauthals zu weinen anfingen, wenn ihr Nokia 3310 aufgrund zu geringer Akkuladung den Geist aufgab. Hättest du halt einfach mal ein bisschen weniger Snake gespielt, Barbara!

Als mein Klassenkollege Anton mich also kurz nach meinem 17. Geburtstag zur großen Silvestersause bei sich zuhause einlud, wollte ich eigentlich sofort absagen. Ich hatte partout keine Lust, einen Abend mit den anonymen Teenie-Alkoholikern zu verbringen und als Außenseiter auf der Party bei einer Schale Kamillentee dabei zuzusehen, wie andere einander beim Kotzen die Haare hielten. Silvester würde einfach ein weiterer trauter Abend zwischen mir und meiner guten, alten Freundin Richterin Salesch werden.

Doch dann kam mir ein anderer schlimmerer Gedanke: Mittlerweile war ich 17 und hatte gerade erst einmal im Leben jemanden geküsst, doch selbst dieses Erlebnis hatte all die Leidenschaft eines schlabbrigen Bussis einer steinalten Erbtante, die vergessen hat, ihr Gebiss reinzugeben. Wenn ich nicht drastisch etwas änderte, waren meine Chancen, demnächst meine Jungfräulichkeit zu verlieren wahrscheinlich noch geringer, als meine Chancen, Germany's Next Topmodel zu werden. Wenn ich betrunkene Jugendliche so schwer aushielt, musste ich vielleicht einfach einer von ihnen werden, um sie zu ertragen. Mit einem Funkeln des Umschwungs in den Augen beschloss ich, zu Antons Party zu kommen – und mich so richtig zu betrinken! New Year, New Michi!

So nervös, wie ich vor meinem jüngsten genialen Plan war, hielt ich es für eine angebrachte Idee, bereits vor dem Beginn von Antons Party alleine in meinem Elternhaus vorzutrinken.

Viertelstündlich verschwand ich in der Küche, um mir ein Glas Eistee zu holen und es klammheimlich mit dem Birnenschnaps meines Vaters zu verfeinern. »Hmmm, lecker Eistee!«, jaulte ich bestimmt, während ich mit dem Glas, aus dem womöglich bereits Dämpfe aufstiegen, die einen Totenkopf bildeten, wieder in meinem Zimmer verschwand. Dort trank ich das Glas mit demselben Gusto, den die Kandidaten im Dschungelcamp an den Tag legen, wenn sie Walsperma schlucken müssen. Yummy!

Mehr als nur »leicht angeheitert« torkelte ich kurze Zeit später durch die Eingangstür von Antons Haus, in dem bereits der Großteil meiner Klasse versammelt war. Meine beste Freundin Martina drückte mir sofort eine knallrote Erdbeerbowle in die Hand und ich kam aus dem Staunen nicht mehr raus: Durch den Schleier der Trunkenheit fühlte ich mich wie ein kleines Kind im Disneyland. Jedes Lied, das auf der Silvester-Playlist kam, hielt ich für den besten Song der Welt. Ich war so glücklich, all meine Freunde an einem Ort versammelt zu sehen und konnte kaum fassen, wie fantastisch die Erdbeerbowle schmeckte. Allmählich fing ich sogar an zu verstehen, warum ein leeres Nokia 3310 ein Grund für einen Nervenzusammenbruch war.

Mit Martina an meiner Seite machte ich eine Runde durch das Haus, um die übrige Partycrowd – eben jene Menschen, die mich vor Monaten noch als »zu artig zum Partymachen« abgestempelt hatten – zu begrüßen. Sicher würden sie anhand meiner guten Laune endlich einsehen, dass ich ebenfalls ein geübter Trinker und eine regelrechte Spaßkanone war und mich aufgrund dieser freudigen Erkenntnis wie bei einer jüdischen Hochzeit auf einem Stuhl singend durchs Wohnzimmer tragen.

Doch anstatt ihre Bewunderung kundzutun, hatten meine Klassenkameraden allen Ernstes Sorge um mich. »Michael, du wirkst so blass!« – »Geht es dir gut?« – »Trink lieber ein Glas Wasser!« waren die letzten Zurufe, die ich wahrnehmen konnte, bevor ich mich mitten in das gutbürgerlich eingerichtete Wohnzimmer von Antons Familie übergeben musste. Über allem, was danach geschah, liegt ein dunkler Schleier der Ungewissheit. Habe ich versucht, die gekippte Stimmung zu retten, indem ich probiert habe, einen Sirtaki-Flashmob zu starten? Möglich. Habe ich mit meinem Kotzstrahl ein Familienerbstück, vielleicht eine von Generation zu Generation weitergereichte Patchworkdecke, eingesaut? Wir wissen es nicht.

Zum Glück war die Erdbeerbowle knallrot und weil ich an diesem verschneiten Abend auf meinem Weg nach Hause überall ein bisschen hingekotzt habe, ließen sich meine Schritte am nächsten Tag perfekt rekonstruieren. Zwar waren meine Eltern in der Silvesternacht selbst auf einer Feier, doch in meinem Suff war es mir gelungen, die Alarmanlage auszulösen, weswegen sie benachrichtigt wurden und angerast kamen. An die Details dieser dramatischen Nacht kann ich mich zum Glück nicht erinnern, aber ich weiß, dass ich definitiv vor dem Jahreswechsel im Bett war und der neue, rebellische Michi somit früher schlafen gegangen ist, als der alte Michi das bei seinen Fernseh-Marathons je gemacht hatte.

Nachdem ich am Morgen nach meinem ersten Rausch feststellen musste, dass ich nicht nur ohne Unterwäsche, sondern auch neben einem mit mysteriösen Flüssigkeiten gefüllten Eimer aufgewacht war, musste ich meiner Mutter zunächst einige einschneidende Fragen zum Vorabend beantworten. Während ich mit schamvoller Miene am Frühstückstisch saß und stotternd nach Ausreden à la »Ich habe einen schlechten Kebab gegessen...« fischte, musterte sie mich kritisch über ihren Brillenrand, wie es Richterin Barbara Salesch auch immer tut, wenn sie weiß, dass ein Zeuge nicht die Wahrheit sagt, und ihn daher mahnend daran erinnern muss, dass er unter Eid steht.

Wenn mich Gerichtssendungen eines gelehrt hatten, dann, dass Gerechtigkeit immer siegt und Lügen stets kurze Beine haben. »Ich war auf einer Silvesterparty, habe heimlich vorgeglüht und war fürchterlich betrunken!«, gestand ich daher und wartete eigentlich darauf, mit verdien-

tem Hausarrest bestraft zu werden. Stattdessen konnte sich
meine Mutter ein lautes Lachen nicht verkneifen: »Wurde
aber auch Zeit!«

5. Geschenke

So sehr wir auch versuchen, uns dagegen zu wehren: An Weihnachten geht's (nicht nur, aber auch) um Geschenke! Als Kinder verbringen wir Tage, ja sogar Wochen damit, uns vorfreudig darüber den Kopf zu zerbrechen, was wir wohl bekommen werden. Als Erwachsene dagegen kreisen unsere Gedanken vor allem um die Frage, was wir unseren Liebsten (und – ich bin mal ehrlich – manchmal auch unseren Nicht-so-Liebsten) bloß schenken sollen. Jahr für Jahr bin ich aufs Neue völlig überrascht, wenn wir den 21. Dezember schreiben und mir plötzlich einfällt, dass ich ja noch gar keine Geschenke besorgt habe. Ich habe wirklich schon vieles versucht, um zumindest diesen Stressfaktor aus meinem Leben zu eliminieren. Einmal war ich eines dieser Arschlöcher, das bereits im September all seine Weihnachtsgeschenke besorgt: Total entspannt habe ich eine Kochschürze für Leonie und einen Thermengutschein für Thiemo und seinen Freund gekauft. Leider mit mäßigem Erfolg, da Leonie in den kommenden drei Monaten das Kochen an den Nagel hängte und Thiemo sich von seinem Freund trennte. Andere Male habe ich mich wahnsinnig überlegen gefühlt, indem ich einfach all meine Geschenke, vor allem Bücher, beim Online-Versandhandel meines Vertrauens bestellt habe, ehe mich eine Welle an Schuldgefühlen überrollte, als ich ein paar Wochen später beim Buchladen um die Ecke vorbeiging und feststellen musste, dass er zugesperrt hatte. »Das ist meine Schuld!«, sagte ich mir und beschloss, nie wieder ein Weihnachtsgeschenk, das ich auch einfach lokal kaufen könnte, online zu bestellen (warum ich hie und da doch was online bestelle, verrate ich euch in der Geschichte am Ende dieses Kapitels). Ich komme einfach nicht drum rum: Seitdem findet ihr mich frühestens am 21. Dezember, wie ich gestresst durch überfüllte Einkaufsstraßen sprinte, nervige Passanten aus dem Weg schubse und mir noch schnell ein paar Last-Minute-Weihnachtsgeschenke kralle. Wenn ich eine Weihnachtstradition habe, dann diese!

Ich hasse Gutscheine als Geschenk. Wie immer bei schlechten Weihnachtsgeschenken zählt auch hier der Gedanke, aber ich komme nicht umhin, zu vermuten, dass der Gedanke »Ich wusste beim besten Willen nicht, was ich dir schenken soll, weil ich dich gar nicht so sehr mag« lautet. Ein Gutschein für einen Laden oder ein Restaurant ist ein eigenartiges Geschenk. Du weißt, dass die andere Person extra an einen *bestimmten Ort* gefahren ist, um dir um 50 Euro einen Gutschein zu kaufen, damit du dir selbst aussuchen kannst, wofür du den Gutschein an diesem *bestimmten Ort* einlösen möchtest, wenn sie sich doch den Weg hätte sparen und dir die 50 Euro einfach bar auf die Kralle hätte geben können, damit du dir überall, wo du willst, kaufen kannst, was du möchtest! Ich weiß, ich weiß: Vielen Menschen sind Geldgeschenke »zu unpersönlich« und sie würden mir lieber einen Gutschein aus dem Künstlerbedarfsladen schenken, weil sie mich einmal 2007 einen Pinsel haben halten sehen, aber ich bin hier, um zu sagen: Tut es nicht! Bitte gebt mir einfach Bargeld. Ihr könnt es sogar auf eine kleine Staffelei klemmen, wenn ihr euch dadurch besser fühlt.

Bei selbstgebastelten Gutscheinen hört bei mir wirklich der Spaß auf. Ein Gutschein, auf dem steht »Ich schenke dir gemeinsame Zeit …« ist kein Geschenk, sondern einfach nur Papierverschwendung. Wir verbringen doch gerade schon Zeit zusammen, obwohl ich bis gerade eben noch gar keinen Gutschein dafür hatte. Eigentlich ist es wirklich frech, Gutscheine für Dinge wie Wanderungen oder Abendessen zu verschenken, die in einer normalen Freundschaft ohnehin früher oder später passieren werden. Ich schenke dir ja auch keinen Gutschein, auf dem steht: »Gutschein dafür, dass ich zu dir komme, zu viel Wein trinke, auf deinem Sofa einschlafe und alle Kissen ansabbere!«

Wie schräg sind denn Leute, die darauf bestehen, dass wir uns »dieses Jahr nichts schenken« und dann doch mit einem riesigen Geschenk für mich aufkreuzen? Du schenkst mir vor allem ein schlechtes Gewissen und die Erkenntnis, dass du einfach keine Versprechen halten kannst, Bettina!

Wer mich fragt, welches Weihnachtsgeschenk ich möchte, schafft nur Probleme. Eigentlich möchte man ja meinen, dass das die effektivste Methode wäre, die Geschenke zu erhalten, die man auch wirklich will und braucht, aber leider wirft mich diese Frage immer in eine tagelange Gedankenspirale, bei der ich mir denke: »Mensch, was möchte ich eigentlich *wirklich*?« Das Problem ist, dass ich mir sämtlichen Krimskrams, den ich womöglich brauchen könnte, meistens einfach selbst kaufe und andere Dinge, deren Kauf ich länger hinauszögere, so teuer sind, dass ich mich nun wirklich nicht traue, diesen Wunsch gegenüber meiner sparsamen Tante Irmi (die Jahr für Jahr sorgfältig das Geschenkpapier von ihren Paketen löst und es glättet, um es im Folgejahr wiederverwenden zu können) auszusprechen – aus Sorge, sie könnte an Ort und Stelle einen Herzinfarkt bekommen. Es scheint mir wie die einzig logische Lösung, im Dezember absichtlich auf den Kauf gewisser Kleinigkeiten wie einen neuen Wasserkocher zu verzichten, nur um mir diesen dann von Irmi zu wünschen, die den Wunsch dann vermutlich gänzlich ignoriert und mir – wie jedes Jahr – ein Lavendelseifen-Set schenkt.

Ich mag keine Geschenke für Kinder kaufen. Die meisten Kinder in meinem Umfeld haben ohnehin mehr Spielzeug, als sie je brauchen könnten und sind jedes Jahr an Weihnachten so reizüberflutet von den vielen Geschenken, dass sie einen Schreikrampf bekommen und von den dutzenden Dingen, die sie geschenkt bekommen haben, am liebsten mit dem großen Karton spielen, in dem ihr Barbie-Dreamhouse verpackt war. Geschenke für Kinder zu kaufen ist eigenartig, da ich ohnehin immer ihre Eltern fragen muss, was die Kids gerade cool finden, und diese mir einfach »Peppa Pig!« entgegenbellen, gemeinsam mit einer langen Liste an Peppa Pig Produkten, die ich *nicht* kaufen darf, weil die kleine Leonie diese bereits hat. Ohne Zweifel kaufe ich dann etwas völlig Absurdes wie Peppa-Pig-Teeservice für ein zweijähriges Kind und halte gleichzeitig nach einem Peppa-Pig-Aschenbecher für mich Ausschau, in dem ich meine Stresszigarette ausdämpfen kann. Erst am Tag der Übergabe fällt mir wieder ein, dass ich nach all meinen Mühen beim Einkaufen ja nicht mal den Ruhm für das Geschenk einheimsen kann, da es offiziell ja gar nicht von mir, sondern vom Christkind oder dem Weihnachtsmann kommt. Hrmpf. Naja, alles halb so wild, solange Leonie zumindest für fünf Minuten eine Freude damit hat, bevor sie beschließt, die nächsten drei Stunden lang lieber mit dem runterhängenden Kabel des Festnetztelefons zu spielen.

Nichtssagende Geschenke wie Seifen oder Kerzen finde ich blöd, und noch mehr hasse ich es, dass ich dann alles, was ich damals in dieser »Helen Mirren teaches Acting«-Masterclass gelernt habe, hervorkramen muss, um so zu tun, als würde ich mich total darüber freuen. Nur ein einziges Mal wäre ich gerne ehrlich und würde sagen, dass ich mich nicht sonderlich darüber freue, oder – noch besser – einfach in die völlig andere Richtung gehen und völlig übertrieben ausrasten: »Möchtest du etwa andeuten, dass ich mich nicht *wasche*, Thomas? Und *KERZEN?* Glaubst du, ich kann mir die Stromrechnung nicht leisten?«

Ich hasse Weihnachtsgeschenke, die vor allem mit Weihnachten zu tun haben. Ich verstehe es schon: Du hast im Krimskramsladen nebenan einen überdimensionalen Weihnachtsbaum-Hut gesehen und dir gedacht »O ja: *DAS* ist Michi!«, aber hast du diesen Gedanken auch ein bisschen weitergesponnen, Martina? Du hast mir den Hut am Heiligen Abend geschenkt, aber was soll ich denn bitte nach dem 24.12. für die nächsten 332 Tage mit einem riesigen Weihnachtsbaum-Hut machen? Ich kann ihn wohl kaum im Frühling tragen, ohne merkwürdig aufzufallen. Genauso wenig möchte ich zu Weihnachten Weihnachtsliteratur geschenkt bekommen. Au ja, genau das, was ich jetzt möchte, nachdem ich bereits die letzten 45 Tage von allen Seiten mit Weihnachten beschallt wurde: Ein Buch über einen Weihnachtshund.

Ich hoffe inständig, dass euch dieses Buch, das ihr nun in euren Händen haltet, niemand zu Weihnachten geschenkt hat.

Ich kann es nicht fassen, wenn meine Freunde vorschlagen, wir sollten uns dieses Jahr ausschließlich Selbstgebasteltes schenken. Sie denken wohl, dass das den Dezember stressfreier und günstiger gestalten könnte, doch sie liegen völlig falsch. Ich hätte dir einfach ganz schnell an der Tankstelle einen neuen Duftbaum für dein Auto – welches ihn, unter uns, dringend notwendig hat – kaufen können, aber jetzt muss ich dir stattdessen in mühevoller Kleinarbeit etwas *basteln*? Ist es zu spät, mein eigenes Verschwinden vorzutäuschen? Das ist keineswegs stressfrei oder günstig, weil ich den DIY-Trend der letzten Jahre gänzlich abgelehnt und stattdessen meinen eigenen PSETDIFY- (Pay someone else to do it for you)-Trend gestartet und infolgedessen einfach keine Bastelutensilien zuhause habe.

Ganz davon abgesehen, dass ich nicht gerne bastle, werde ich mich auch wirklich nicht darüber freuen, ein aus Makkaroni-Nudeln zusammengeklebtes Portrait von mir zu erhalten. Was für eine freche Verschwendung kostbarer Pasta!

Ich hasse den Zwang, allen etwas schenken zu müssen. Es gab Jahre, in denen es mein Anspruch an mich selbst war, allen Leuten, die mein Leben (oder aber meinen Körper) in irgendeiner Weise berührt haben, ein Weihnachtsgeschenk zu kaufen. Jeder Nachbar, der mich im Aufzug auch nur für eine Millisekunde angelächelt hat, wurde auch schon von mir beschenkt, weswegen meine Liste an Besorgungen im Dezember sogar noch viel länger war, als jede meiner Hasslisten es je sein könnte. Ich dachte wirklich, die Leute wären sauer oder enttäuscht, wenn ich ihnen nichts schenke, aber da ich viele der zu beschenkenden Menschen im Endeffekt gar nicht so gut kannte (welche Hobbys hat meine Großtante Angelika bloß, abgesehen davon, ungefragt das Gewicht anderer Leute zu kommentieren?), griff ich immerzu zu nichtssagenden Nonsensgeschenken wie einem riesigen Furzkissen, in der Hoffnung, dass ich mit meiner kleinen Aufmerksamkeit so daneben lag, dass es irgendwie schon wieder witzig war. Ein Glück, dass ich mittlerweile nicht nur reifer, sondern auch sparsamer geworden bin und weiß, dass ein paar nette Worte immer noch ein besseres Geschenk sind, als überflüssige Scherzartikel, die bereits vor dem Jahreswechsel im Mülleimer landen.

Es ist mir aber auch nicht recht, niemandem etwas zu schenken. Ich weiß, ich weiß, man kann es mir nicht recht machen, aber in den letzten Jahren scheinen all meine Freunde und Verwandten den Minimalismus für sich entdeckt zu haben und betonen, dass ich ihnen bitte absolut gar nichts schenken soll. Vielleicht ist ihnen ja auf die Nerven gegangen, dass ich mit Vorliebe meine eigenen Bücher verschenkt habe, dazu noch in Michi-Geschenkpapier, auf dem mehrfach mein Gesicht abgedruckt ist. (Ich weiß es nicht!) Ich finde es leider wirklich trist, *niemandem* etwas zu schenken – in den Jahren, in denen das der Fall war, bin ich einfach nur resigniert durch die überfüllten Einkaufsstraßen gezogen; ohne Antrieb und ohne Ziel, wie eine traurige Protagonistin in einem Film von Sofia Coppola.

Mir Gedanken über andere Menschen zu machen und sie zu beschenken, trägt tatsächlich erheblich zu meiner Weihnachtsstimmung bei. Aus diesem Grund habe ich in den letzten Jahren angefangen, das Angebot verschiedener Hilfsorganisationen zu nutzen und die Weihnachtswünsche bedürftiger Menschen zu erfüllen. Die lauten dann in etwa »Monika wünscht sich einen blauen Pulli in Größe M«; mit dieser klaren Mission ziehe ich dann gerne durch die Einkaufsstraßen – und verpacke meine Geschenke hie und da sogar in Michi-Geschenkpapier. Es hat noch nie jemand gemeckert!

Ich hasse die Kommerzialisierung des Weihnachtsfestes. Manchmal, wenn ich meinen Gedanken zu viel Freilauf lasse, denke ich mir, dass Weihnachten dieser Tage nichts anderes ist als Kapitalismus in einem Glitzerkleid, der uns absichtlich ein schlechtes Gewissen gegenüber unseren Freunden und Familien einredet, welches wir durch übertriebenen Konsum zu beruhigen versuchen. Wir sehen uns gezwungen, mit Leuten, die uns oft gar nicht so viel bedeuten, ein konstruiertes Beisammensein zu feiern, das niemand so richtig erfüllt und das sich einfach nur wie eine mit Zuckerguss verzierte Lüge anfühlt. Aber dann trinke ich ein Gläschen Wein und vergesse diesen Gedanken im Handumdrehen wieder.

Ich mag keine Leute, die Geschenke weiter verschenken. Es ist der ewige Teufelskreis der Weihnacht: Aus der Erwartung heraus, absolut allen Leuten, die mir ansatzweise was bedeuten, nicht einfach nur ein guter Freund sein zu dürfen, sondern ihnen als solcher auch etwas zu Weihnachten schenken zu *müssen*, kaufe ich meiner Freundin Valerie auf den letzten Drücker ein ironisch gemeintes Nonsensgeschenk wie einen Schwamm, der aussieht wie ein Stück Käse, welches sie schlecht geschauspielert mit dem Satz »Oh wow? Sowas wollte ich ja … schon immer mal haben?« auspackt, bei dem sich jedes Wort anhört wie eine Frage. »Perfekt, dann habe ich ja mal wieder genau ins Schwarze getroffen!«, denke ich mir, bevor ich zwei Tage später eine SMS von meiner Freundin Sarah bekomme, in der sie mir schreibt: »Ähm … Valerie hat mir einen riesigen Käse-Schwamm geschenkt? Glaubst du, sie hat ein Alkoholproblem?«. Excusez moi? Kurz versuche ich mir noch einzureden, dass Valerie so begeistert von meinem Geschenk war, dass sie es direkt nachgekauft und Sarah geschenkt hat, aber wem mache ich eigentlich was vor? Bestimmt findet auch Sarah das Geschenk so doof, dass sie es weiterverschenkt. Die Dinge werden ihren Lauf finden, bevor der Schwamm so oft weiterverschenkt wird, bis er schlussendlich bei der einen Person landet, die sich wirklich darüber freut: bei mir!

Wenngleich ich hier über das Weiterverschenken lästere, werde ich zugeben, dass ich es – wie die meisten Dinge, die ich hasse – ebenfalls schon mal gemacht habe. Aber lest selbst ...

Die Magie des Weiterschenkens

Es war 2011, im ersten (und – Spoiler Alert! – letzten) Jahr meines Studiums der Theater-, Film- und Medienwissenschaften, als ich eine wichtige Lektion in Sachen Weihnachtsgeschenke lernen sollte. »Ich habe eine tolle Idee: Lasst uns dieses Jahr wichteln!«, sagte meine Studienkollegin Anna damals nach einer besonders langweiligen Vorlesung, und mir wurde sofort klar, dass wir unterschiedliche Vorstellungen von »tollen Ideen« hatten. Ein weihnachtliches Wetttrinken veranstalten? Meiner Meinung nach eine wirklich tolle Idee! Aber Wichteln – dieses nervige Spiel, bei dem man einen Namen aus einem Hut zog und dieser Person etwas schenken musste? Ich würde lieber trinken.

Doch da mir gerade langweilig war und ich ohnehin gedachte, dieses Studium und den Kontakt zu all meinen Kommilitonen nach Ende des Semesters abzubrechen, hatte ich nicht viel zu verlieren und griff abenteuerbereit in den Hut;

eine Entscheidung, die ich sofort bereuen sollte. Ausgerechnet zog ich Raphael – einen Studienkollegen, der im ganzen
Semester in etwa so viel Enthusiasmus an den Tag gelegt
hatte wie Wednesday Addams. Ein Geschenk für ihn, einen
selbsternannten »Denker«, zu finden, schien mir ähnlich
knifflig, wie einen Zauberwürfel zu lösen.

»Aber Michael! Egal ob Raphael dein Geschenk gefällt
oder nicht: Es ist schön, dass du dir die Mühe gemacht hast,
etwas für ihn zu finden – der Gedanke zählt!«, denkt ihr
euch bestimmt, und das ist absolut richtig, aber mein Gedanke in diesem Moment war: »Aber ich möchte nicht einkaufen gehen; draußen ist es kalt, ich habe noch einen hal-
ben rumgetränkten Früchtestollen im Kühlschrank und es
ist ein *Keeping up with the Kardashians* Marathon im Fernsehen!« So beschloss ich, etwas zu tun, was ich sonst für ein
absolutes No-Go zur Weihnachtszeit halte: Ich würde einfach einen Gegenstand aus meiner Wohnung suchen und
ihn verschenken.

Wie bereits ausgeführt, halte ich es grundsätzlich nicht
für die feine englische Art, einfach so alten, ungeliebten
Krempel aus seiner Wohnung als brandneues Geschenk für
noch weniger geliebte Mitmenschen zu verkaufen, aber was
hätte ich denn auch anderes tun sollen? Raphael hatte in
unserem zusammen verbrachten Semester bisher so wenig
Persönlichkeit an den Tag gelegt, dass er bei *Germany's Next
Topmodel* wahrscheinlich bereits in der ersten Folge mit den
Worten »Raphael, wo bleibt deine *PERSONALITY*?« von
Heidi Klum rausgeworfen worden wäre.

Woher sollte ich denn dann wissen, was dieser Typ gut
fand? Das Maximum an Emotion, das er in meiner Gegen-

wart je gezeigt hat, war, als die Professorin in der Vorlesung etwas über »Theater als Kreis« gesagt und Raphael sich laut geräuspert hatte. Bedeutete Räuspern im Raphael-Universum Zuspruch? Sollte ich ihm ein riesiges Mobile aus Kreisen basteln, bei dessen Anblick er sich vor Freude räuspern würde?

Nein, zu viel Aufwand – ein Geschenk für Raphael zu finden erschien mir unmöglich und so beschloss ich, den Prozess einfach abzukürzen. In meinem riesigen Bücherregal fand ich ein Buch namens »Glamourpuss«, welches ausschließlich aus Bildern von Katzen besteht, die Perücken tragen. Ich hatte es drei Jahre zuvor von einer Freundin geschenkt bekommen, die – ich sehe es ja ein – vermutlich ebenfalls nicht wusste, was sie mir bloß schenken sollte. Es war grotesk und süß zugleich und wirkte wie genau die Sorte Geschenk, über die Raphael ein trauriges Haiku verfassen würde.

Ich sah das Buch wehmütig an, wie ein stolzer Vater, der seine Tochter zum Traualtar führt. »Es ist Zeit, dich weiterzuverschenken …« säuselte ich, bevor ich es in Zeitungspapier einwickelte und mit Textmarker dick »RAPHAEL« darauf schrieb. Diese ganze Aktion hatte 5 Minuten gedauert. Erschöpft nahm ich einen Bissen von meinem alkoholgetränkten Christstollen. Die Feiertage sind so anstrengend!

Am Tag der Geschenkübergabe kam Anna, deren verrückte Idee das Wichteln gewesen war, mit einem riesigen Sack in den Vorlesungssaal. »Überraschung!!«, trällerte sie mit einem Enthusiasmus, den ich persönlich mir nur für All-You-Can-Eat-Buffets aufhebe. »Ich habe für euch ALLE Geschenke dabei!«. Anna sah uns aufgeregt an, und für einen kurzen Moment befürchtete ich, sie würde gleich einen weihnachtlichen Song singen.

»Oh, das hättest du nicht machen sollen!«, sagte ich und meinte es völlig ernst: Anna hätte das nicht machen sollen, denn im Vergleich zu ihr wirkten wir nun alle wie die größten Loser der Welt – besonders ich, der nicht mal ein Geschenk gekauft, sondern einfach alten Krempel wiederverwertet hatte! »Ich konnte einfach nicht widerstehen!«, trällerte sie. So, so: Andere Leute zu beschenken war für Anna wohl ähnlich wie Rotwein für mich.

Annas Geschenke waren durchdacht und süß. Einer Kollegin, die Hunde liebte, schenkte sie einen Haarreifen mit Hundeohren und für Raphael hatte sie ein Notizbuch für »all seine Gedanken« gefunden. Perfekt! Mir wiederum überreichte sie ein Schneidebrett mit der frechen Aufschrift »Männer à la carte!«. »Da musste ich an dich denken …«, säuselte sie mit einem Unterton, als wolle sie noch »… denn du bist das Flittchen unter uns!« hinzufügen. Hmm. Wenn der Schuh passt!

Als endlich ich an der Reihe war, mein Geschenk zu übergeben, fühlte ich mich äußerst angespannt. In Kontrast zu Annas gewissenhaften Geschenken konnte ich mit meinem Recyclingprojekt ja nur abstinken. Was, wenn Raphael sein Geschenk so sehr hassen würde, dass er sein neues Notizbuch gleich mit wütenden Gedichten darüber füllen würde? Obwohl ich das Weiterschenken bis vor wenigen Minuten noch für meine tollste Idee seit Langem gehalten hatte, machten sich nun erste Zweifel in mir breit.

Doch als mein Studienkollege sein Geschenk auspackte, wurden wir alle Zeugen von einem Phänomen, das in etwa so selten wie eine Einhornsichtung sein muss: Ein echtes, herzhaftes Lachen von Raphael! Mein Gegenüber warf seinen Kopf in den Nacken und brüllte laut los. »Michael!«, stammelte er, während er vereinzelte Lachtränen von seiner Wange wischte. »Woher wusstest du nur, dass ich ulkige Fotobücher und Katzen liebe?« Dann umarmte er mich. Ich wusste gar nicht, wie mir geschah. Plötzlich wurde Wednesday Addams zu einem freundlichen Golden Retriever.

Die Wahrheit ist: Ich wusste es nicht. Woher auch? Ich hatte doch einfach nur ein altes, meiner Meinung nach nutzloses Geschenk wiederverwertet, weil ich lieber fernsehen wollte, als mir Gedanken über die Vorlieben und Interessen eines Mitmenschen zu machen. Doch alle Anwesenden sahen mich beeindruckt an. Ich hatte den Nagel auf den Kopf getroffen, sagte selbst Anna, während sie mir auf die Schulter klopfte. Und das, liebe Leser, ist die Magie des Weiterschenkens.

Warum ist so schwer, mich zu beschenken? Mir ist bewusst, dass es fürchterlich schwer ist, ein Geschenk für mich zu finden – vielleicht wäre es für meine Mitmenschen einfacher, wenn ich nicht so ein hobbyloser, fauler Sack wäre. Wäre ich zum Beispiel in meinem Umfeld dafür bekannt, liebend gerne wandern zu gehen, würden sich plötzlich endlos viele neue Geschenkmöglichkeiten auftun: Neue Wanderschuhe, Rucksäcke oder diese fürchterlichen Multifunktionshosen, die man mit nur wenigen Handgriffen in eine kürzere Hose umwandeln und sogar zu einem Zelt machen kann, wenn man sie nur aus dem richtigen Winkel wirft. Sogar meine Schwiegermutter könnte sich ihren sehnlichsten Wunsch erfüllen und mir *endlich* ein Schild mit einem frechen Spruch drauf schenken, nämlich etwas wanderspezifisches wie »Kein Weg ist lang mit guter Gesellschaft an deiner Seite ...« mit einem Bild von zwei Fußspuren, die in den Horizont führen. Die Sache ist nur: Ich wandere nicht gerne und habe auch sonst keine Hobbys.

Wobei, selbst wenn ich welche hätte, wäre ich wahrscheinlich mit keinem Geschenk zufrieden. Ich erinnere mich an dieses eine Jahr, als ich tatsächlich sehr gerne gebacken und all meinen Mitmenschen den heißen Tipp gegeben habe, mir bitte etwas mit Back-Bezug zu schenken. Schnell sollte ich lernen, dass ich nicht schwer beschenkbar bin, weil ich keine Hobbys habe, sondern dass ich schwer beschenkbar bin, weil ich einen zu bestimmten Geschmack habe. Ja, ich wollte Keksausstecher, aber doch nicht *solche*. Stimmt, ich habe um eine Schürze gebeten, aber ganz sicherlich nicht um *diese*. Wieso schenkst du mir *irgendein* Backbuch, wenn ich doch eindeutig *The Complete Magnolia Bakery Cookbook* in der sechsten Auflage wollte?

Ich hasse den Geschenkumtausch. Der Teufelskreis der ungewollten Weihnachtsgeschenke stresst mich zutiefst. Onkel Ewald hielt es also für eine gute Idee, mir ein Nachschlagewerk namens *Die faszinierende Welt der Ameisen* zu schenken, das ich leider nicht mal halb so faszinierend finde wie er. Meine klassische Lösung wäre also, ein oscarverdächtiges Schauspiel an den Tag zu legen, das selbst Meryl Streep vor Neid erblassen lassen würde, und so zu tun, als würde ich Ameisen tatsächlich total spannend finden, das Buch dann aber fortan unberührt in irgendeinem Regal verstauben zu lassen. Die Sache ist nur, dass ich mittlerweile vor lauter ungewollten Geschenken kaum noch Platz in der Wohnung habe und mein Zuhause aufgrund der vielen Objekte, die ich nicht selbst ausgesucht habe, so aussieht, als wäre ein hundertjähriger Set-Designer damit beauftragt worden, für eine Sitcom das Zimmer eines Teenagers einzurichten, inklusive Discman und einem Basketballkorb mitten im Raum.

So habe ich beschlossen, dass es einfacher und ehrlicher wäre, es direkt zu sagen, wenn mir ein Geschenk nicht gefällt, und die Rechnung zu verlangen, damit ich es umtauschen kann (vorausgesetzt, Onkel Ewald hat nicht irgendeine ellenlange Widmung reingekritzelt, in der er mir sagt, dass ich sein liebster Neffe bin. *Langweilig*!). Unangenehmer noch als die Tatsache, dass ich nun weiß, wieviel Onkel Ewald für dieses Buch ausgegeben hat (Spoiler Alert: 3,99 Euro am Grabbeltisch) und mit einer alten, ekligen Quittung in eine Buchhandlung am Rande der Stadt tuckern muss, finde ich ja, dass Verkäuferinnen immer wollen, dass ich ganz genau erkläre, was mir an diesem Objekt denn nicht gefällt. Was erwarten sie sich? Sandwich-Feedback, so wie Heidi Klum es am Ende einer Folge von *Germany's Next Topmodel* gibt? »Das Cover und der Titel dieses Werks wirken sehr einladend auf mich, jedoch sind es die 800 Seiten über Ameisen – ein Thema, das meinem Herzen nicht ferner sein könnte –, die mich abgeschreckt haben. Ich möchte sie zwar nicht kennenlernen, weil sie eher langweilig klingen, aber bestimmt gibt es Leute da draußen, für die dieses Buch genau das Richtige ist!«

Der Sale nach dem Weihnachtsfest macht mich verrückt. Der eigentliche Grund, warum ich nach Weihnachten Einkaufszentren meide, ist nicht, weil ich den vielen Teilnehmern am Umtauschwahnsinn aus dem Weg gehen möchte, sondern weil ich meine eigenen Nerven schonen will: Denn plötzlich ist alles, für das ich vor einer Woche noch den vollen Preis bezahlt habe, um die Hälfte billiger und ich stehe kurz davor, einen Schreikrampf zu bekommen, wenn ich günstige Lichterketten sehe. Ich stehe dann immer kurz davor, meinen Weihnachtseinkauf für das kommende Jahr einfach *jetzt schon* zu machen, aber ich sehe immer rechtzeitig ein, dass das völlig verrückt ist und beschließe, mich für die nächsten Monate erst mal so weit wie möglich von Weihnachten zu distanzieren.

Wer das Wichteln erfunden hat, gehört bestraft. Meistens sind es die Leute in irgendwelchen Gruppenchats, in denen man sich seit Cousine Gudruns 35er-Feier gefangen sieht, die dann auch noch vorschlagen, dass man gemeinsam wichtelt; also jedes Gruppenmitglied ein anderes Gruppenmitglied zugewiesen bekommt, das es dann beschenken soll. Nein, dankeschön! Als wäre es nicht schon schwer genug, Leute zu beschenken, die ich tatsächlich kenne und mag, muss ich nun auch noch ein Geschenk für Gerald, den neuen Freund von Tante Friederike, finden, über den ich rein gar nichts weiß, was sich vor allem dadurch äußerte, dass ich ihn die letzten drei Monate lang »Gernot« genannt habe. Dann kaufe ich ihm ohne Zweifel wahllos ein – im Winter natürlich stark reduziertes – Buch übers Grillen, in der Hoffnung, dass er – wie alle Hetero-Männer eines gewissen Alters – gerne grillt. Noch weniger Lust als darauf, einen nahezu Fremden zu beschenken, habe ich ja darauf, von einer nahezu fremden Person beschenkt zu werden. Danke für die regenbogenfarbene Glitzerfedora, Henriette, damit hast du ganz genau meinen Geschmack getroffen!

Ich hasse Schrottwichteln, diese noch viel schlimmere Variation des Wichtelns, bei der alle einfach alten, ungeliebten Krempel weiterschenken. Toll, jetzt bekomme ich auch noch was *Gebrauchtes*. Das scheint mir wie ein Überbleibsel aus einer Zeit, in der man noch während der Schwangerschaft rauchte und seine Batterien im Klo entsorgt hat. Hat Marie Kondo euch denn gar nichts beigebracht? Wir sollten doch alle wissen, dass wir Gegenstände, die uns keine Freude mehr bereiten, einfach spenden oder entsorgen sollten – und sie *nicht* jemandem schenken, der ohnedies versucht, minimalistisch zu leben. Schrottwichteln ist eigentlich gemein, weil man einer anderen Person sagt: »So, und dieses absolut nutzlose Buch über Hundeyoga ist jetzt wohl *dein* Problem.« Aber ich hab doch bereits genug Probleme!

Verschont mich bitte mit Weihnachtsdeko! Besonders meine älteren Verwandten bekommen bei der Vorstellung, dass ich in einer Wohnung lebe, in deren Abstellkammer es nicht eine riesige Kiste mit der Aufschrift »Weihnachtsdekoration« gibt, so schnelles Herzrasen, dass sie sofort den Wohnungsschlüssel, den ich ihnen »nur für Notfälle« gegeben habe, krallen und mit Lametta und Barbarazweigen bewaffnet meine Wohnung stürmen, um sie während meiner Abwesenheit zu dekorieren, weil die Abwesenheit jeglichen Weihnachtsschmucks für sie nun mal einem absoluten Notfall gleicht (ich scherze nicht, das ist tatsächlich einmal passiert). Aaaah, nichts bringt mich mehr in Weihnachtsstimmung, als das Schloss meiner Wohnungstür tauschen zu lassen!

Auch wer mir reguläre Deko schenken will, liegt meist daneben. Zierkissen, Bilder, Vasen und anderer Krempel passen wirklich nicht zu meinem Midcentury-Modern-Einrichtungsstil. Das Schlimme an solchen Geschenken ist ja, dass diese Leute dann immer gerne zu Besuch in meine Wohnung kommen möchten, um zu sehen, wie sich diese Monstrosität, die sie mir da geschenkt haben, in mein ansonsten eigentlich ganz ansehnliches Zuhause fügt. Ich scherze nicht, wenn ich sage, dass es bei mir eine Schublade voll von Gegenständen gibt, die ich nur raushole, wenn gewisse Personen mit diesem besonders schlechtem Händchen für Geschenke mir einen Besuch abstatten. Keine Toleranz habe ich allerdings für Leute, die es – vermutlich, weil ich ja »so ein lustiger Kerl« bin – für eine gute Idee halten, mir Schilder mit frechen Sprüchen drauf zu schenken, wie etwa: »Kalorien sind kleine Monster, die nachts die Kleider enger nähen.« Entschuldigung, aber hackt's? Gerne möchte ich mir den Spruch von deinem »Freunde sind wie Sterne; auch wenn du sie nicht siehst, weißt du, sie sind da«-Schild zu Herzen nehmen und auch dich eine Zeit lang nicht sehen.

Mir gemeinsam mit meinen Geschwistern ein Geschenk für meine Eltern zu überlegen geht gar nicht. Es läuft jedes Jahr genau gleich ab: Am 17. Dezember ruft meine Schwester bei mir an und fragt, ob ich denn schon ein Geschenk für meine Eltern habe, woraufhin ich erst mal fünf Minuten in mein Telefon lache, da ich eine Woche vor Weihnachten natürlich noch kein Geschenk für absolut niemanden habe. Dann schlägt sie vor, dass wir drei Geschwister dieses Jahr doch einfach Geld zusammenlegen und gemeinsam ein Geschenk für meine Eltern kaufen – also exakt der gleiche Plan, wie in den zehn Jahren zuvor. So weit, so gut, doch wie alle Jahre wieder scheitern wir nun daran, uns ein Geschenk für Mama und Papa (zwei Leute, die wirklich *alles* haben – außer Kinder, die sich gewissenhafte Geschenke überlegen können) zu überlegen und beschließen, beide mal ein bisschen zu brainstormen – und meinen älteren Bruder, der nicht Teil dieses Telefonats war, dann einfach vor vollendete Tatsachen zu stellen. Grundsätzlich ein guter Plan, mit der einzigen Lücke, dass wir unseren Brainstorming-Vorsatz bereits in der Sekunde, in der wir das Gespräch beenden, wieder vergessen, weswegen wir dann – wie alle Jahre wieder – am 23. Dezember beschließen, meinen Eltern einen Gutschein für ein Restaurant zu kaufen, den sie frühesten in vier Jahren einlösen werden. Eine unserer schönsten Traditionen!

Ich hasse es, von Leuten beschenkt zu werden, an die ich nicht mal ansatzweise gedacht habe. Zugegeben: In meinem Leben habe ich oft Anlass, mich wie ein schlechter Mensch zu fühlen; etwa, wenn ich behaupte, die AGBs gelesen zu haben oder in der U-Bahn starr auf mein Handy blicke, wenn jemand eintritt, der meinen Sitzplatz definitiv dringender benötigt (aber – zu meiner Verteidigung – nur wenn ich müde oder ein bisschen beduselt bin). Doch selten sind meine Gewissensbisse so stark, als wenn ich während der Weihnachtszeit diese eine alte Bekannte auf einer Weihnachtsfeier sehe, an deren Namen ich mich beim besten Willen nicht erinnern kann. Marlene? Martina? Oder doch Monika? »Egal, mit Sicherheit kann sie sich auch nicht an mich und meinen Namen erinnern!«, denke ich mir noch, als sie mir plötzlich mit offenen Armen entgegenkommt und schreit: »Michael, schön dich wieder zu sehen! Mit Waagen wie dir verstehe ich mich immer besonders gut!« Was? Sie kennt meinen Namen und mein Sternzeichen? Ohne Zweifel hat diese besonders nette Person, über deren Namen ich mir noch immer nicht sicher bin, dann wahnsinnig spezifische Erinnerungen an unser letztes Treffen, inklusive vieler Insider, die mir absolut nichts sagen, und holt im schlimmsten Moment unserer Unterhaltung ein kleines Geschenk für mich hervor, um mir für dieses aufklärende Gespräch im vergangenen Jahr zu danken. Ach Mensch, was habe ich damals in meinem Suff bloß wieder für Nonsens gelallt, den andere Leute als »lebensverändernden Ratschlag« aufgefasst haben? Als ich noch jünger und hoffnungsvoller war, habe ich in Situationen, in denen andere Leute mich beschenkt haben, oft noch versucht, mir schnell eine Flasche Wein vom Buffet zu krallen oder einem anderen Partygast seinen Ring abzukaufen, um diese Gegenstände als »von Herzen kommendes Geschenk« für Martina oder Monika zu tarnen, aber mittlerweile weiß ich, dass diese Versuche zwecklos sind. Manche Leute mögen mich einfach mehr, als ich sie mag, und das muss ich wohl oder übel akzeptieren.

Ich hasse meine Angewohnheit, Geschenke anhand ihres Wertes zu vergleichen. Dabei spreche ich selbstredend nicht vom emotionalen Wert, der mir – unter uns – scheißegal ist. Sehe ich ein Buch, das wie das ideale Geschenk für meine Freundin Beate wirkt, bekomme ich augenblicklich ein schlechtes Gewissen, weil es nur 10 Euro kostet, der Wanderrucksack, den mir Beate letztes Jahr geschenkt hat, bestimmt aber über 70 Euro gekostet hat. Was soll ich denn jetzt bloß machen? Ein kleines »Paket« zusammenstellen und rund um das Buch noch wahllos ein paar andere Gegenstände kaufen? Oder doch lieber sieben Exemplare desselben Buches kaufen, damit ich irgendwie auf die 70 Euro komme? Viel schlimmere Gewissensbisse jagen mich noch, wenn ich etwa auf einem Flohmarkt oder einer Kleinanzeigen-Plattform ein Geschenk kaufe, das zwar teuer aussieht aber wirklich nicht viel gekostet hat. Das bringt wieder den gesamten Geschenkekosmos durcheinander, da Beate nun sicherlich denkt, ich hätte 120 Euro für diesen güldenen Beistelltisch ausgegeben, wo er doch nur 7 Euro gekostet hat; für mich ein klares Indiz, dass er entweder vom Lkw gefallen ist oder aber gestohlen wurde. Was jetzt? Soll ich dazusagen, dass das Geschenk unerhört preiswert war, wie eine

dieser anstrengenden Personen, die immerzu betonen müssen, dass ihr Oberteil »nur 5 Euro« gekostet hat? Oder soll ich einfach zulassen, dass mir Beate im Folgejahr bestimmt ein sündteures Fabergé-Ei kauft, während ich maximal mal wieder mit ein bisschen Ramsch aus dem 1-Euro-Shop und einem Rubbellos angetanzt komme?

Ich will Geschenke nicht vor den Leuten auspacken, die sie mir geschenkt haben. Das ist mein persönliches Armageddon und fühlt sich für mich jedes Mal so an, als hätte ich Publikum beim Rückwärtseinparken. Ich hasse die erwartungs- und hoffnungsvollen Blicke der Schenkenden so wie meine eigene Zaghaftigkeit beim Auspacken. Wäre ich alleine, würde ich die Geschenke auspacken, wie sonst nur meine Essenslieferungen: Einfach aufreißen und die Verpackung in die Ecke donnern, während ich mich über den Inhalt hermache, wie ein Schwein am Trog. Aber weil ich sicher bin, dass meine Freundin Leonie viel Zeit darin investiert hat, mein Geschenk einzupacken, mache ich es so langsam und andächtig auf, als würde ich jemanden in den späteren Stunden unseres dritten Dates vorfreudig ausziehen. Sobald ich erahne, um welches Geschenk es sich handeln könnte, ziehe ich die Augenbrauen so hoch, wie mir das meine Botox-Stirn nun mal erlaubt, und quieke aufgeregt, egal ob mir das Geschenk gefällt oder nicht. Das ist ja gerade das, was ich so hasse: Weil ich weiß, dass die andere Person möchte, dass mir ihr Geschenk gefällt, wirkt meine Reaktion komplett gestellt und *over the top,* selbst wenn es mir wirklich gefällt. Dann fuchtle ich mit den Armen, wie eine aufgebrachte Frau in einem Stummfilm, die von King Kong entführt wird, lehne mich konspirativ vor, säusle: »Danke Leonie, diese Ohrenwärmer gefallen mir *wirklich*!«, und hoffe einfach mal, dass Leonie mir glaubt.

Wichteln mit Preisvorgabe geht mir völlig gegen den Strich. »Alles, was wir einander dieses Jahr schenken, muss unter 5 Euro kosten. Viel Spaß und frohes Wichteln!« Okay, sonst noch was? Soll das Geschenk auch Saltos schlagen und frische Eier legen können, wenn man an einer kleinen Kurbel dreht? Entschuldigung, aber wie soll ich das anstellen? In Wien kann ich nicht mal mein Haus verlassen, ohne für irgendwas 5 Euro bezahlen zu müssen und diese unmögliche Wichtel-Challenge erscheint mir wie eine Einladung zum Ladendiebstahl. Ohne mich!

Michis Tipps für das perfekte Weihnachtsgeschenk

Hör aufmerksam zu. Die besten Geschenke, die ich je erhalten habe, kamen von Menschen, die bei meinen nie enden wollenden Redeflüssen doch tatsächlich aufmerksam zugehört, sich Notizen gemacht und mir den *en passant* erwähnten Toaster zu Weihnachten geschenkt haben. Ich hab einen neuen Toaster bekommen und mir hat mal jemand zugehört? Wie glücklich bin denn ich? Alternativ kannst du auch schauen, ob die Person, die du beschenken möchtest, ein Pinterest-Board oder eine Amazon-Wunschliste hat.

Mach ein einzigartiges Geschenk. Jeder Mensch fühlt sich gerne besonders. Das schönste Geschenk, das ich als Kind erhalten habe, war von meinem Großvater: Ein selbst gestaltetes T-Shirt, auf dem in riesigen Buchstaben »MICHI« stand. Ich habe es sehr gerne getragen, weil ich wusste, dass es einzigartig ist. Ich bin felsenfest davon überzeugt, dass die meisten Erwachsenen diese Dinge noch immer super finden und sich über einen Bademantel oder Pyjama mit ihren Initialen freuen, sich aber nie selbst einen kaufen würden.

Spende was. Manche Leute sind wahnsinnig schwer zu beschenken, weil sie entweder bereits alles haben oder über keine nennenswerten Hobbys außer ihrer Nikotinabhängigkeit verfügen, die ich nun wirklich nicht fördern will. Ich habe überraschend gute Erfahrungen damit gemacht, an Weihnachten eine Spende an eine wohltätige Organisation im Namen dieser Person zu machen. Alle Beteiligten freuen sich und wir können uns alle nickend einig sein, dass wir ohnehin schon alles haben, was wir brauchen.

Sei reich. Die Dinge, die die Leute sich nicht selbst kaufen, sind meistens relativ teure Anschaffungen. Sei einfach reich und erfülle mit deinem Geld die kühnsten, materialistischsten Träume deiner Mitmenschen. Sie werden für immer in deiner Schuld stehen.

Ein Weihnachtsgeschenk
von mir an mich

Ich liebe Onlineshopping und ich fühle mich auch ganz schlecht deswegen. Als halbwegs schlauer Mensch, der auf Französisch bis 10 zählen kann, verstehe ich, dass es blöd von mir ist, Großkonzerne im Internet anstatt die »kleinen Läden nebenan« zu unterstützen. Ich habe auch wirklich ein schlechtes Gewissen und schlafe deshalb nachts so unfassbar schlecht, als hätte ich mir vor dem Bett einen Liter Kaffee gegönnt. Und dennoch bestelle ich Artikel aus dem Internet, als würde ich mich auf die Apokalypse vorbereiten.

In der Weihnachtszeit wird meine Onlineshopping-Sucht noch viel schlimmer. Dann fröne ich nahezu täglich meinem Laster und habe in der Regel so viele Tabs auf einmal offen, dass mein Computer Geräusche von sich gibt, die mich vermuten lassen, er könnte jede Sekunde anfangen, sich um die eigene Achse zu drehen und im Anschluss explodieren. Aber was ist die Alternative? Mich als wandelnder Stressball, der ich ab Mitte November bin, auf eine überfüllte Einkaufsstraße zu begeben? Ich bitte euch!

Natürlich könnte ich meine Vorliebe fürs Onlineshopping jetzt rein damit rechtfertigen, dass ich in der Vorweihnachtszeit nun mal – wie wir alle – gestresst bin und obendrein die meisten Formen der sozialen Interaktion hasse. Ich könnte euch sagen, es wäre mir unangenehm, in einen Laden zu gehen und eine Schlagerkompilation für Onkel Ewald zu kaufen, weswegen ich an der Kasse und auch bereits am Weg dorthin wahllos Dinge wie »Ja Passant, damit wird er eine Freude haben!« und »Hehe, nein, die ist nicht für mich, ich höre lieber gehaltvollen Indie!« zu rufen.

Aber nein: Nach Jahren des intensiven Trainings sind mir die Meinungen der Angestellten und anderen Kunden egal und ich hätte auch kein Problem damit, ein zwölfteiliges Riesen-Dildo-Set durch den gesamten Laden zu schleppen. Der eigentliche Grund, warum ich Jahr für Jahr all meine Weihnachtsgeschenke im Internet bestelle, hat wohl eher mit meinem besonderen Ritual des Onlineshoppings zu tun, welches – ähnlich wie Besuche bei Verwandten – nur dann so richtig gut ist, wenn ich dabei ziemlich betrunken bin.

Denn sollte ich mich nach dem zweiten Glas Wein auch nur annähernd in der Nähe eines internetfähigen Gerätes aufhalten, passiert es nicht selten, dass ich nicht etwa unzählige E-Mails an all meine Exfreunde schicke, sondern schnurstracks ein Onlineversandhaus ansteuere und mir, neben einem Fliederparfüm für Tante Gisela, prompt ein unsagbar teures Outfit bestelle, das ich nüchtern – geschweige denn in einem echten Laden – nie und nimmer anprobieren würde.

Tatsächlich hasse ich weniges mehr, als in einem Laden Kleidung für mich selbst zu kaufen und dann etwa eine Hose anzuprobieren, nur um festzustellen, dass ich darin aussehe, als hätte ich gleich noch eine Vorlesung am Clown-College. Ohne Zweifel lügt mir die Verkäuferin dann direkt ins Gesicht und erklärt mir, dass ich »scharf wie eine Chili« aussehe und mein Hintern zudem gut zur Geltung kommt, woraufhin ich einfach wortlos Geld in ihre Richtung werfe, da ich ALLES kaufe, wenn man mir sagt, dass mein Hintern darin gut aussieht.

Aber nein: Meine Abneigung gegen physisches Einkaufen ist so groß, dass ich Einkaufsstraßen so schnell wie möglich wieder verlassen möchte und gar nicht erst auf die Idee kommen würde, auch noch etwas für mich selbst zu erstehen. Online – und leicht beduselt – sieht die Sache schon ganz anders aus. Ähnlich manisch wie diese Kinder am Ende einer Folge von *Super Toy Club* lege ich Geschenke für mich selbst in den Warenkorb, während ich Floskeln wie »Man gönnt sich ja sonst nichts!« lalle, was – unter uns – eine Lüge ist, da ich mir nahezu täglich Dinge gönne.

Dann schlafe ich ein und träume von kalorienarmen Waffeln. Ohne Zweifel vergesse ich meinen angetrunkenen Einkauf vollkommen und verfalle in Ekstase, wenn zwei Wochen später neben einem ekelhaften Fliederparfüm auch ein wunderbares Outfit an meiner Haustür auftaucht. »Was? Ein Weihnachtsgeschenk für mich … von mir?«, jauchze ich völlig fassungslos, während ich mir gerührt ans Herz greife. »Wir haben doch gesagt, wir schenken einander dieses Jahr nichts …«, sage ich dann geschmeichelt zu mir selbst im Spiegel und verspüre dabei eine Form von Euphorie, wie sonst den ganzen Dezember lang nicht.

Ihr seht: Es sind nicht pure Rücksichtslosigkeit oder eine Abneigung gegenüber den »Läden von nebenan«, sondern vielmehr der Überraschungsfaktor und die Tatsache, dass es jedes Mal wie ein kleines Sneak Preview auf Weihnachten ist, die mich zum Onlineshopping treiben. Der schönste Moment dieses ganzen Prozesses ist übrigens der, in dem ich dann endlich mein Outfit anprobiere und ohne Zweifel feststelle, dass mein Hintern darin phänomenal aussieht. Das Einzige, was ich mehr liebe als Onlineshopping, ist mein betrunkenes Ich: Es macht einfach die besten Geschenke.

6. Silvester und Neujahr

Haben wir die Weihnachtsfeiertage erst mal überstanden, bietet sich eine kurze Gelegenheit zum Kräftesammeln, ehe wir den wahren Endgegner besiegen müssen: Silvester! Schon als kleines Kind wurde mir eingetrichtert, dass dieser Abend »*der geilste Abend des Jahres!!!*« wird, an dem man selbst als gutbürgerlicher Mensch bis nach Mitternacht aufbleiben und verrückte Hüte tragen darf. Zugegeben, als Kind fand ich Silvester ziemlich cool: Plötzlich waren alle Erwachsenen gut drauf (betrunken) und ich habe gemeinsam mit anderen Kindern auf ausgelassenen Silvestersausen literweise Cola getrunken, ehe wir im Kreis gelaufen sind wie völlig zugekokste Duracell-Häschen. Erst im Erwachsenenalter fing ich an, Silvester aufgrund des Erwartungsdrucks anstrengend zu finden: Was, wenn ich nicht bereits im September weiß, wie ich »*den geilsten Abend des Jahres!!!*« verbringen werde? Was, wenn ich so erschöpft vom Dezember bin, dass ich einfach einen Agatha-Christie-Krimi im Bett lesen und um 21 Uhr einschlafen möchte? Um meinen Silvesterhass und die Tristesse des Januars soll es in diesem Kapitel gehen. Es wird bestimmt das geilste Kapitel dieses Buches!!!

Ich hasse diese Tage zwischen Weihnachten und Silvester, an denen ich einfach nicht weiß, was ich machen soll. Gerade hat man die Weihnachtsfeierlichkeiten hinter sich gebracht, denen alle (außer mir) bereits die letzten zwei Monate lang entgegengefiebert haben – okay, und was jetzt? Bis Silvester – dem anderen, absoluten Highlight der Saison, bei dem alle (außer mir) endlich mal wieder so richtig auf die Kacke hauen können! – sind es nur noch wenige Tage, die sich allerdings wie ein ganzer Monat anfühlen. Früher habe ich diese Zeit gerne in meinem Elternhaus verbracht, aber *not anymore*!

Wenngleich ich mich während jedes Besuchs bei meiner Familie wieder wie mit 14 fühle, muss ich mir langsam eingestehen, dass ich keine 14 mehr bin und definitiv nicht mehr über den jugendlichen Stoffwechsel von damals verfüge. Aus diesem Grund muss ich mich Mamas Kühlschrank – der immer voll ist und aus dem man sich auch um 2 Uhr morgens eine übriggebliebene Portion Spaghetti Carbonara nehmen kann – so fern wie möglich halten und verbringe die Zeit bis Silvester einfach in meiner Wiener Wohnung, wo die Tage so langsam vor sich hintuckern, wie ein von der Kritik gelobter Oscar-Film. Apropos Film! Diese eine Woche im Jahr ist auch die absolute Hochzeit für Film- und Serien-Veröffentlichungen, weil der Vertrieb nun mal weiß, dass wir da massig Zeit und nichts zu tun haben. Aber auch *das* nervt mich, weil ich die Sorte innerlich unruhige Person bin, die sich äußerst schlecht fühlt, wenn sie mehr als einen Film am Tag schaut und nach drei Folgen einer Serie das Bedürfnis hat, eine Runde um den Häuserblock zu laufen und währenddessen ein paar E-Mails zu schreiben, um meinen inneren Produktivitätszwang zu beruhigen. Ja, ihr habt es erfasst, es macht verdammt viel Spaß, in einer Beziehung mit mir zu sein! Umso ironischer ist es übrigens, dass ich einen Lebensgefährten habe, für den es gar kein Problem ist, so lange Netflix zu schauen, bis die App sich schön langsam Sorgen macht und ihn fragt, ob er überhaupt noch am Leben ist. Das hat den unangenehmen Nebeneffekt, dass ich meinen Liebsten aufgrund unserer konträren Einstellungen zum Thema »Auf dem Sofa gammeln« in diesen Tagen kaum sehe und zwischen Weihnachten und Silvester ganz auf mich selbst gestellt bin. Ganz ehrlich: Wenn es eine kleine Pille gäbe, die ich nehmen könnte, um am 25. Dezember friedlich einzuschlafen und am 31. Dezember wieder aufzuwachen – ich würde es tun!

Frag mich bloß nicht bereits im September, ob ich schon weiß, wie ich den Silvesterabend verbringen werde. Ja, hoffentlich nicht mit dir! Es tut mir leid, aber das ist wirklich eine missliche Lage, in die du mich da bringst. Genauso wenig, wie ich weiß, wann und wo ich die Olympischen Spiele 2028 verfolgen werde, kann ich dir auch im September nicht bereits Auskunft über meine Silvesterpläne geben und spekuliere insgeheim darauf, in den kommenden vier Monaten noch den wohlhabenden Erben eines Champagnerimperiums kennenzulernen, der mich an Silvester in seine großzügige Dachgeschosswohnung einlädt. Sage ich dann »Ach, ich hab noch nichts geplant!«, kommt ohne Zweifel sofort eine Einladung, Silvester gemeinsam in einer verschneiten Hütte im Wald zu verbringen, in der wir Brettspiele spielen und uns mithilfe von »Gesprächsstoff«-Karten näher kennenlernen können. Nein, danke, Thorsten! Das klingt wie der Anfang eines Horrorfilms und so, als würde mindestens einer von uns von einer Fonduegabel aufgespießt tot im Wald aufgefunden werden und darauf habe ich, um ehrlich zu sein, keine Lust. Ähnlich wie meine Zahnärztin gebe ich nun einfach vor, bereits Monate – ja oft sogar Jahre! – im Voraus ausgebucht zu sein und schon ganz genau zu wissen, wo ich die nächsten drei Silvester verbringen werde. Sorry!

Wer meine Neujahrsvorsätze belächelt, macht sich nicht beliebt, denn anders als gefühlt 99 Prozent der Weltbevölkerung liebe ich gute Vorsätze und fasse jedes Jahr ein paar neue. »Pah, so ein Humbug!«, scheint der generelle Konsens in meinem Umfeld zu sein. »Neujahrsvorsätze funktionieren nicht, weil man sich einfach nicht daran hält!«, sagen mir die Leute dann überraschend wütend. Nun, sprich für dich selbst, Antonia! *Ich* halte mich immer an meine Vorsätze, wenn auch nur für ein paar Wochen. Ich bin mal kurz ehrlich: Als selbstständiger Entertainer ist bei mir jeden Januar tote Hose. Agenturen sind im Betriebsurlaub, Leute verlassen ungern ihr Haus, um Comedyshows zu besuchen und *niemand* möchte was von mir. Meine Inbox bleibt am Anfang eines jeden neuen Jahres so leer, als wäre ich bereits Mitte des Vorjahres verstorben. Das klingt zwar womöglich für manche von euch ganz angenehm, aber als Mensch, der mehr Aufmerksamkeit braucht als ein Neugeborenes, werde ich manchmal verzweifelt und stehe kurz davor, eine dieser Gestalten zu werden, die sich einfach irre brabbelnd in den Stadtpark stellen, in der Hoffnung, dass ihnen irgendjemand Beachtung schenkt. Aus ebendiesem Grund sind Neujahrsvorsätze die ideale Ablenkung, und ich setze die Latte auch nie zu hoch; ich nehme mir einfach vor, so lange keinen Alkohol zu trinken, wie ich das gerade für richtig halte, und regelmäßig joggen zu gehen, solange ich Lust habe. Manchmal sind das drei Monate, in anderen Jahren aber nur drei Wochen. Am Ende bin ich aber nie sauer auf mich, sondern eher froh, dass ich immerhin mal für drei Wochen was durchgezogen habe. Probiert es aus!

Mich nervt die »New Year, New Me!«-Industrie, und ich habe es satt, dass ich pünktlich zum Jahreswechsel in den Sozialen Medien unzählige Werbungen für Fitnessstudios und gesunde Essens-Lieferdienste ausgespielt bekomme. Wenn der Algorithmus dieser Plattformen wirklich so klug ist, sollte er doch mittlerweile wissen, dass ich schon längst Mitglied eines Fitnessstudios bin und nach meinem letzten Happen Fondue um Mitternacht ohnehin sofort mit meiner alljährlichen Neujahrs-Detox starte. Es ist mir natürlich aufgefallen, dass all diese Anbieter sehr darum bemüht sind, uns zu Jahresbeginn gleich ganze Jahresabos für ihre Dienste anzudrehen, weil sie wissen, dass wenige von uns unsere Fitnessvorsätze über den 31. Januar hinaus halten. Frech!

Ich hasse Silvester, denn die Erwartungen an diesen Abend sind immerzu astronomisch. Gewisse Leute (vermutlich *langweilige* Leute, die sich an den restlichen 364 Tagen sämtliche Form von Spaß verbieten) lieben es, zu betonen, dass das die geilste Party des Jahres wird. Jede Feier, die schon vorab diesen Stempel aufgedrückt bekommt, kann ja nur zum Scheitern verurteilt sein. Gekoppelt mit dem Anspruch, an Mitternacht auch noch jemanden zu finden, den man küssen will, ist Silvester eher ein Kandidat für den schlimmsten

Abend des Jahres. Meine Abneigung gegen diesen Tag ist so groß, dass ich in den letzten Jahren wirklich *alles* probiert habe: Eine fette Silvestersause mit Freunden auf einer Dachterrasse, Silvester im Ausland, Silvester im Club und – nachdem all diese Optionen eher mau waren – sogar ein Silvester allein zuhause, mit Schlafenszeit lang vor Mitternacht, was sich ebenfalls als Fehler entpuppte. Und das ist die trügerische Falle an Silvester: Denn gerade, wenn man beschließt, Silvester einfach ausfallen zu lassen und sich einen gemütlichen Abend zuhause zu machen, meldet sich diese kleine Stimme im Hinterkopf, die sagt »Aber jetzt auf einer Party zu sein, wäre schon nett …« oder »Aber eigentlich möchte ich doch ganz gerne einen dieser glitzernden kleinen Hüte tragen, oder eine riesige Brille, auf der die neue Jahreszahl zu sehen ist …« Egal, wie man Silvester verbringt: Man verbringt es falsch!

Und dann auch noch die Weltuntergangs-Verschwörungstheorien. Alle paar Jahre ist es so weit: Vereinzelte Leute aus meinem Bekanntenkreis, mit denen ich schon vor Jahren den Kontakt hätte abbrechen sollen, sind sich sicher, dass die Welt mit dem Jahreswechsel untergehen wird. Das behaupten sie alle paar Jahre mal, und wenn es dann – wie zu erwarten – nicht passiert, erklären sie das damit, dass die Propheten natürlich ein anderes Kalendersystem verwendet haben, als wir das tun, und es daher zu einer ungenauen Vorhersage kam. Einer meiner Geschäftspartner verwendet Google Calendar, während ich iCalendar verwende, und wir hatten noch nie Probleme. Aber was auch immer du sagst, Leonie, um ehrlich zu sein, nerven mich diese Verschwörungstheorien vor allem, weil ich dann – obwohl ich wirklich nicht daran glaube – anfange zu überlegen, wie ich denn meine letzte Nacht auf Erden verbringen würde, nur um zu dem Entschluss zu kommen, dass es ein Abend wie jeder andere sein würde: Noch ein letztes Wiener Schnitzel, ein Glas Bier und dann ab in die Heia. Wobei, vielleicht würde ich mich schlafen legen, ohne vorher Zähne zu putzen. Für wen auch?

Warum müssen Leute ihr Feuerwerk am Silvesterabend vor Mitternacht verschießen oder, noch schlimmer, bereits am Tag vor Silvester? Das sind bestimmt auch jene Leute, die 15 Minuten, bevor er offiziell aufmacht, mit ihrem Einkaufswagen vor dem Supermarkt stehen und nervös mit ihrem Fußballen wippen, weil sie es kaum erwarten können, frische Lebensmittel einzukaufen. Ob sie wohl auch um 10:30 Uhr zu Mittag essen oder bei Filmen 10 Minuten vor Schluss abbrechen? Ich kann nur mutmaßen! Vorfreude ist doch die schönste Freude, also geduldet euch noch ein bisschen.

Überhaupt hasse ich Feuerwerk. Was für eine subtile Art und Weise zu sagen: »Seht uns an, wir haben so viel Geld, dass wir es wortwörtlich in die Luft jagen können! Hurra!«

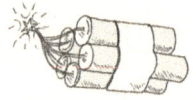

Hunde und Babys an Silvester, reißt euch gefälligst zusammen!

Ich hasse Leute, die mich allen Ernstes an Silvester wenige Minuten nach Mitternacht anrufen, um mir ein frohes neues Jahr zu wünschen. Es tut mir leid, aber wenn du nicht mein Liebhaber bist, von dem ich aufgrund eines Jane-Austen-artigen Plots mehrere hundert Kilometer entfernt bin, möchte ich wirklich nicht von dir hören. Überall um mich rum gehen Feuerwerkskörper in die Luft, weswegen ich mich am Telefon so anhöre wie ein Außenreporter in einem zwielichtigen Stadtteil. Und von der Lärmbelästigung mal ganz abgesehen, bin ich zu dieser Uhrzeit wirklich nicht mehr nüchtern genug, um ein halbwegs normales Gespräch mit dir zu führen. Können wir uns nicht einfach still einig sein, dass wir allen Leuten, die wir kennen und mögen, ein frohes neues Jahr wünschen, ohne sie anzurufen?

Bleigießen ist ätzend – zum Beispiel, weil ich immer große Probleme damit habe, mein gegossenes Blei zu erkennen und es mir auch irgendwie egal ist. Wenn ich ganz ehrlich bin, sieht meine Bleifigur Jahr für Jahr wie ein riesiges Spermium aus. »Toll: ein weiteres Jahr voller Sperma!«, denke ich mir dann, und mache einfach weiter mit meinem Leben. Abgesehen davon, dass es – wie alles, was auch nur ansatzweise Spaß macht – wohl nicht gut für die Umwelt ist, habe ich eine Anekdote zum Bleigießen, die euch ein für alle Mal das Fürchten lehren wird! Es war an Silvester 2018, als ich gerade mit Freunden Blei gegossen habe. Meine Freundin Laura stand gerade kurz davor, ihr geschmolzenes Blei ins Wasser fallen zu lassen, als sie den Löffel unabsichtlich ins Wasser hängen ließ, woraufhin das flüssige Blei durch die Gegend gespritzt ist, was natürlich ideal war, weil wir alle im Kreis um Laura gesessen und mit starrer Mine den Löffel beobachtet haben. Zum Glück blieben wir von den Spritzern verschont, aber das flüssige Blei hat sehr wohl einige herumliegende Smartphones erwischt, an denen es teils bis heute klebt. Wer hat es denn bitte für eine gute Idee gehalten, im betrunkenen Silvesterzustand mit brennheißem geschmolzenem Blei zu hantieren? Seid vorsichtig, das ist gefährlich!

Silvester im Restaurant kommt nicht in Frage! Meine Jahreswechsel waren definitiv aufregender, als meine Eltern noch dafür bezahlt haben. Während ich heute einfach mit ein paar Freunden zuhause sitze und um 23:59 Uhr von meinem Smartphone aufblicke, um einen Countdown zu starten, an dessen Ende ich laut »Juhu!« schreie, ehe ich wieder auf mein Smartphone schaue, habe ich während meiner Kindheit und Jugend einige Silvesterabende in Paris, New York oder auf den Malediven verbracht, und das waren zu 90 Prozent fantastische Abende. Klar, das ist jetzt Jammern auf hohem Niveau (und das ist bestimmt das absolut *Letzte*, was ihr von mir erwartet), aber ich würde euch allen dringlich davon abraten, Silvester im Restaurant zu verbringen. Die dort angebotenen »Gala-Dinners« sind nicht nur teuer, sondern werden meistens so unnötig in die Länge gezogen, dass einem 15 Gänge serviert werden, von denen keiner größer als eine Walnuss ist. Zu Mitternacht gibt es dann einen gezwungenen Moment der kollektiven Freude, nach dem man sagt: »Auch dir ein frohes neues Jahr, liebe Kellnerin! Und jetzt bitte noch einen Brotkorb, aber hurtig!« Das alles fand ich immer äußerst bizarr, weswegen ich bei Silvesteraufenthalten im Ausland gerne einfach einen gemütlichen Abend mit Room Service am Zimmer verbringe, nach dem ich einen ausgedehnten Mitternachtsspaziergang mache.

Den ersten Tag eines neuen Jahres würde ich am liebsten überspringen. Mittlerweile bin ich leider in diesem Alter, in dem ich – selbst, wenn ich am Vorabend um 3 Uhr morgens sturzbetrunken in mein Bett gefallen bin – am nächsten Morgen pflichtbewusst um Punkt 7 aufwache und bereit bin, Leistung zu erbringen, und der 1. Januar bildet da leider keine Ausnahme. Mit pochendem Schädel und immer noch ziemlich betrunken wache ich auf und verwerfe meine sonst so dominante »Carpe diem!«-Attitüde. *Carpe* lieber den nächsten *diem*, denn diesen werde ich mit dem Kopf in der Kloschüssel verbringen. Klar, in den vergangenen Jahren war ich manchmal noch gewillt, den 1. Januar zu einer selbstreflexiven Reise in mein Innerstes zu verwandeln und mich – wie Renée Zellweger am Anfang eines *Bridget Jones*-Films – in eine weiße Seidenbluse zu kleiden und mir dann im Schneidersitz sitzend aufzuschreiben, was dieses Jahr besser werden könnte. Aber mittlerweile muss ich mich an diesem Tag so sehr bemühen, mich nicht bei jeder falschen Bewegung zu übergeben, dass selbst Tagebuchschreiben ein bisschen zu viel verlangt ist.

Ich hasse Glücksbringer und weiß nie so recht, was ich mit ihnen anfangen soll. Grundsätzlich ist es ja sicher nett gemeint, dass viele meiner Mitmenschen mir zum Jahreswechsel Glücksbringer in Schweinchen- oder Kleeblattform schenken, aber wie die meisten der Dinge, die nett gemeint sind, landen auch Glücksbringer auf meiner Hassliste, weil sie unnötiger Ballast sind, den ich in meinem Leben nun wirklich nicht brauche. Verwirrender noch als die Tatsache, dass man Glücksbringer verschenkt, finde ich ja all die Formen und Farben, in denen sie kommen. Bestimmt gibt es ganz tolle historische Gründe dafür, warum wir finden, dass Schweine, Rauchfangkehrer, Hufeisen, Kleeblätter und Pilze – am besten alles noch in Schokoform! – Glück bringen, aber auf mich wirkt dieses wahllos zusammengestellte Line-up eher wie die gruseligen Gestalten, die mir während eines LSD-Trips erscheinen und mich durch die Straßen jagen, als wie kleine Helfer, die mir im Alltag beistehen sollen.

Das war nicht immer so: Eine Zeit lang, als ich noch um einiges abergläubischer war, habe ich sämtliche Glücksbringer, die mir die Leute über die Jahre geschenkt haben, in einem stetig größer werdenden Beutel zu sämtlichen Veranstaltungen mitgeschleppt, die mir auch nur ansatzweise wichtig waren: Comedyauftritte, Vorsprechen, Partys, auf denen ich einen guten Eindruck hinterlassen wollte. Mein Aberglaube ging sogar so weit, dass ich das Gefühl hatte, der bevorstehende Abend müsse einfach nur katastrophal werden, falls ich meinen Beutel mit den hässlichen kleinen Schweinchen einmal unabsichtlich zuhause vergessen hatte. Heute weiß ich natürlich, dass das absoluter Humbug ist, und mein Ego hat so riesige Ausmaße angenommen, dass ich den Eindruck habe, auch ohne einen kleinen Rauch-fangkehrer in meiner Sakkotasche einen fantastischen Auf-tritt hinlegen zu können. Bitte schenkt mir also fortan keine Glücksbringer mehr: Ich werde sie mir nämlich nur für eine Millisekunde ansehen, ehe ich sie getreu dem Motto »Weniger ist mehr!« in den nächsten Abfalleimer werfe.

So bleibst du zu Silvester bei Verstand

Erwartungen ruinieren alles. Wenn ich mir sage, dass ein Abend »die geilste Nacht ever!« wird, bin ich meistens um 23:15 Uhr völlig enttäuscht wieder zuhause. Eher sind es jene Abende, wenn ich mich spontan entschließe, eine Freun-din auf »ein, maximal zwei Getränke nach der Arbeit« zu treffen, an denen ich bis 7 Uhr morgens ausbleibe und am nächsten Tag nicht mehr ganz weiß, wie ich überhaupt nach Hause gekommen bin und warum meine Haare so klebrig sind. Was ich damit sagen möchte: Trenne dich von deinen Erwartungen und lass dich vom Abend treiben.

Sei dir trotzdem annähernd bewusst, was du willst.
Man kann sich von einem Abend treiben lassen und dennoch gewisse Ansprüche und No-Gos haben. Möchtest du
wirklich auf die fette Sause mit 250 Leuten, oder hast du nur
das Gefühl, dass es das ist, was du wollen solltest? Vielleicht
ist dir ja eher nach einem Scrabble-Abend bei Freunden, bei
dem mehr über einen dreifachen Wortwert gejubelt wird als
über den Jahreswechsel. Vollkommen okay! Überleg dir nur
vorher ganz genau, was du von diesem Abend willst, und lass
dich zu nichts überreden.

Trink zu jedem Glas Alkohol ein Glas Wasser, damit du
nicht schon vor Mitternacht hackedicht bist. Das hat natürlich den Nachteil, dass du immer doppelt so viel Flüssigkeit
konsumieren wirst, als du eigentlich willst. Also pass bloß
auf, dass du um Punkt 12 nicht gerade wieder am Klo bist.

Du kannst dich nicht zweiteilen. Manche Silvesterabende
sind irrsinnig stressig, weil man zugesagt hat, den ersten Teil
des Abends bei Studienkollegin Laura bei Fondue in ihrer
kleinen Erdgeschosswohnung zu verbringen, ehe man kurz
vor Mitternacht in ein Taxi springen und zu anderen Freunden fahren will (nämlich jenen mit Dachterrasse, die man
nicht so gern mag, dass man den ganzen Abend mit ihnen
verbringen würde, aber Silvester auf einer Dachterrasse ist
schon nett!). In diesem Fall hoffe ich, dass du das Taxi bereits
drei Tage im Voraus reserviert hast, weil du spontan nämlich
keines bekommen wirst. Generell ist es aber eine blöde Idee,
an Silvester zu oft die Location zu wechseln. Bleib einfach,
wo du bist, dann läufst du auch nicht Gefahr, Mitternacht mit

einer grantigen, bärtigen Taxifahrerin namens Liesl zu verbringen.

Ein völlig neuer Michael

Würde ich mir selbst im Januar auf der Straße begegnen, so würde ich mich wohl nicht wiedererkennen. Dies hat weniger mit meiner rapide zunehmenden Sehschwäche und der Tatsache, dass ich generell keine Passanten auf der Straße beachte, zu tun, sondern vielmehr damit, dass ich zu Beginn eines jeden neuen Jahres ein *völlig neuer Mensch* bin. Michael 2.0, wenn man so möchte.

Vorüber sind dann die Tage, an denen ich um 11 Uhr vormittags verkatert aus meinem Bett krieche und noch vor dem Zähneputzen die Schnellwahltaste »1« auf meinem Handy drücke, um mir beim Lieferservice meines Vertrauens Pad Thai und ein Konterbier zu bestellen.

Bereits um 6:00 Uhr springe ich nun fröhlich aus meinem Schlafgemach und bereite mir einen gesunden Smoothie zu, an dem ich während meiner täglichen Meditationseinheit sinnlich nippe. Im Januar investiere ich ähnlich viel Geld in Smoothies und ätherische Duftkerzen, wie ich es im Dezember allerhöchstens in Wein und Zigaretten getan habe. Im Grunde genommen ist es so, als hätte mich Gwyneth Paltrow gekidnappt und einer grausamen Gehirnwäsche unterzogen.

Um ganz ehrlich zu sein, sollte ich vielleicht doch anmerken, dass ich in den ersten zwei Monaten eines jeden Jahres tatsächlich ein *völlig neuer Mensch* bin. Auf eine Transformation dieser Art kann man zählen wie auf das Amen in der Kirche oder auf rassistische Bemerkungen bei einem Abendessen mit der Verwandtschaft: Sobald das neue Jahr eingeläutet wird, verändere ich meine Persönlichkeit ähnlich drastisch wie ein Popstar, der ein neues Album auf den Markt bringt.

Ich liebe den Januar aus dem gleichen Grund, warum ich den Montag liebe: Er ist voll von neuen Möglichkeiten und bietet mir endlich die Gelegenheit, mein »altes Ich« hinter mir zu lassen, als wäre ich Teil des Zeugenschutzprogramms. Fort ist der faule Michael, der nicht jedes Mal vor dem Schlafengehen Zähne geputzt hat. Nun bin ich neu geboren, wie ein Phoenix aus der Asche, der jeden Tag Zahnseide und Mundspülung verwendet.

»Aber das ist doch super, Michael! Ich bin froh, dass du jedes neue Jahr dazu nützt, ein solideres Leben zu führen«, denkt ihr euch vielleicht, und das ist sehr lieb von euch. Das einzige Problem an meiner *völlig neuen* Persönlichkeit ist jedoch, dass ich mich zugleich auch in einen selbstverliebten Idioten verwandle, der sich all seinen Mitmenschen irrsinnig überlegen fühlt.

»Frohes neues Jahr!«, trällere ich selbstgefällig meinen Freunden entgegen, während ich in meinen Yogapants die Straße entlang jogge. »Ich bin es – *Michael*! Vielleicht habt ihr mir nicht gleich erkannt, weil ich jetzt NEU und BESSER bin!«, erkläre ich dann und untermale meine Aussage, indem ich mit meiner Hand problemlos und ohne zu keuchen meinen Fuß berühre. Meist sehen mich meine Mitmenschen ausdruckslos an: Ohne Zweifel deswegen, weil sie nicht fassen können, wie fantastisch ich bin.

Kaum ein Tag vergeht, an dem ich nicht meinen persönlichen Fitnessfortschritt mit dem Kommentar »No Excuses« auf Facebook poste oder versuche, in Unterhaltungen auf subtile Weise das Thema »Gerstengraspulver« anzusteuern. Gleichzeitig sinkt die Anzahl an Menschen, die gerne Zeit mit mir verbringen, rapide. In anderen Worten: Ja, ich führe im Frühjahr stets ein besseres Leben, aber ich bin auch ein absoluter Albtraum und alle hassen mich.

Doch dann kommt es, wie es kommen muss: Spätestens im Februar oder März entdecke ich, dass das Einzige, was sich besser anfühlt, als ein komplettes Workout hinter sich zu bringen, das Gefühl ist, erst gar kein Workout anzufangen. Mein Bett und der Mann vom Lieferservice werden wieder meine besten Freunde. Ich trage meine Yogapants ausschließlich zum Schlafen und fange an, Frozen Margaritas in meinem Smoothie-Maker zuzubereiten.

Wenige Wochen nach dem Jahresbeginn bin ich dann wieder ganz der Alte und dusche nur, wenn ich es für *wirklich* notwendig halte. Allmählich melden sich auch meine Freunde wieder bei mir, denn sie wissen ganz genau: Jetzt ist die Zeit, in der Michael wieder normal ist. Doch spätestens nächsten Januar kehrt, gemeinsam mit einer neuen Staffel des Dschungelcamps, auch die gesündeste, sportlichste und nervtötendste Version meiner selbst zurück. Ich kann es kaum erwarten.

7. Winter

Ich weiß, was ihr euch bei der bisherigen Lektüre dieses Buches gedacht habt: »Puh, wieviel kann ein einziger Mensch denn bitte an Weihnachten hassen?« Daher lasst uns bei meinem Weihnachtshass eine kurze Pause machen und das Hassnetz ein bisschen weiter spannen: In diesem Kapitel soll es darum gehen, wie sehr ich den Winter hasse! Früher war ich ein prätentiöser Herbstliebhaber: Kaum sind die Blätter bunt geworden, habe ich mir meinen feinsten Strickpullover angezogen, schnell wieder zu rauchen angefangen und bin melancholisch – und mit einem Reclam-Heft in meinem Jutebeutel – ohne Ziel durch die herbstliche Landschaft gewatet. Heute bin ich ein klassischer Sommerliebhaber und kann mich nur schwer davon abhalten, bereits im Mai zu einem Grillfest einzuladen, auf dem ich durchgehend nur mit einer Speedo bekleidet durch die Gegend husche und immer wieder betone, dass die Sonne »schon ganz schön viel Kraft« hat. Bitte stoppt mich, bevor ich mir für meine Wohnung ein kitschiges Holzschild mit der Aufschrift »SUMMER« kaufe. Den Winter habe ich dagegen noch nie gemocht, und in diesem Kapitel verrate ich euch all meine Gründe dafür.

Mich nervt, dass die Straßen ab November vollkommen überfüllt sind. Jahr für Jahr sehe ich es einfach nicht kommen. Nichtsahnend verlasse ich eines Novembernachmittags meine Wohnung und warte lieber schon mal auf die nächste U-Bahn, weil die, die gerade eingefahren ist, heillos überfüllt ist. Doch auch der drei Minuten später eintreffende Waggon platzt so sehr aus allen Nähten, dass ich mich fragen muss, ob darin eines dieser »U-Bahn-Waggon-Clubbings« stattfindet, von denen man immer wieder in den Medien hört. Doch dann dämmert es mir: Nein, die Weihnachtszeit hat begonnen und das bleibt jetzt für die nächsten anderthalb Monate so. Gezielt versuche ich also in den nächsten Wochen nur zu völlig ausgerissenen Zeiten meine Wohnung zu verlassen und steuere auch dann Läden und Restaurants an, in denen bestimmt gähnende Leere herrscht, nur um festzustellen, dass offenbar gefühlt die halbe Stadtbevölkerung den gleichen Gedanken hatte wie ich, weswegen nun alle bereits um 11:15 Uhr in »Gittis Schmankerlstüberl« am Rande der Stadt zu Mittag essen. Es ist die Hölle!

Ich mag es nicht, mich warm anziehen zu müssen, und habe im Winter stets den gut gemeinten Hinweis meiner Mutter im Ohr, den sie mir früher immer nachgerufen hat, bevor ich das Haus verlassen habe: »Haube, Handschuhe, Schal!« Daran musste sie mich so oft erinnern, dass es nach einiger Zeit wie ein einziges Wort klang: *Haubehandschuheschal!* Nun, da ich selbst älter bin und Dinge sage wie »Mit einer Erkältung sollte man wirklich nicht spielen!«, trage ich beim Verlassen des Hauses weitaus mehr, als nur eine Mütze, Handschuhe und einen Schal, sondern meistens auch lange Thermounterwäsche, flauschige Winterstiefel und im Idealfall auch eine Jacke, die so dick gepolstert ist, dass ich darin umfallen könnte und sofort wieder aufspringen würde. Das hat einerseits den unangenehmen Nachteil, dass ich mindestens 30 Minuten, bevor ich bei der Tür rausgehe, anfangen muss, mich darauf vorzubereiten, so als würde ich eine Exkursion an den Nordpol unternehmen. Andererseits – und das geht mir erheblich auf die Nerven – trifft mich jedes Mal fast der Hitzeschock, wenn ich in meiner (für Außentemperaturen völlig angemessenen) Winterbekleidung einen Laden oder ein Restaurant betrete, das so gut beheizt ist, als wollte man den Kundinnen dieses gewisse tropische Urlaubsfeeling vermitteln – woraufhin ich die Wahl habe, an Ort und Stelle einen Striptease hinzulegen, oder meine gesamte Montur (Haubehandschuheschal, Thermounterwäsche, Stiefel und Jacke) so sehr durchzuschwitzen, dass ich sie im Anschluss zum Schleudergang in die Waschmaschine werfen muss. Aaargh, Menschsein ist so anstrengend!

Erzählt mir bloß nicht, dass es bei minus 5 Grad doch »gar nicht so kalt« sei. Sie schenken mir nur ein veräppelndes Lachen, wenn sie mich in Schichten und Schichten der Winterkleidung sehen, die mich genauso breit wie hoch macht, weil sie sich noch ganz genau an ihr Auslandssemester in Grönland im Jahr 2013 erinnern können, bei dem es an diesem einen Tag minus 27 Grad hatte. Okay, wortwörtlich coole Anekdote, Thiemo! Du kannst ja gerne im G-String über den Weihnachtsmarkt hopsen, wenn dir danach ist. Ich würde dir gerne in einem nie enden wollenden Redeschwall erklären, dass minus 5 Grad noch immer saukalt ist, aber um ehrlich zu sein, ist mir so kalt, dass ich beim besten Willen meinen Mund nicht bewegen kann.

Warum ist das Wetter am Heiligen Abend nie winterlich? Egal, wie oft ich im Dezember gefroren habe oder auf Glatteis durch die halbe Stadt gerutscht bin, bevor ich schlussendlich schmerzhaft auf meinem Hintern gelandet bin; am Heiligen Abend ist *immer* strahlend blauer Himmel und so intensiver Sonnenschein, dass ich mit dem Gedanken spiele, mich nackt in den Garten meiner Familie zu legen, um meinem Vitamin-D-Mangel abzuhelfen. In den Memoiren der Schauspielerin Tori Spelling (ihr merkt: Ich *liebe* Weltliteratur!) habe ich gelesen, dass ihr Vater – der Produzent Aaron Spelling – an Weihnachten Schneekanonen in seine Villa bestellt hat, um ihm und seiner Familie weiße Weihnachten zu bescheren. Ganz ehrlich: Ich stehe kurz davor, es auch so zu machen.

Ich hasse Skifahren. Als Österreicher bin ich natürlich zum ersten Mal im Alter von drei Jahren auf Skiern gestanden und habe bis zum heutigen Tag die Beinmuskulatur, um es auch zu beweisen. Das Skifahren ist also seit frühester Kindheit so sehr ein Teil von mir, dass ich erst Jahre später verstanden habe, wie wild das Konzept eigentlich ist: Man rast also ernsthaft in bissiger Eiseskälte auf zwei langen, schmalen Brettern neben Hunderten – teilweise alkoholisierten – Fremden einen steilen Berg runter? Dann kehrt man mittags in einer Skihütte ein, isst einen Kaiserschmarrn, trinkt Schnaps, schunkelt ein bisschen zu »Komm hol das Lasso raus!« und geht dann zurück auf die Piste? Und all das soll *Spaß* machen? Verrückt. Es gab einen Tag im Skikurs mit der Schule, von dem ich wirklich nur mehr weiß, dass ich plötzlich mit pochendem Schädel mitten auf einer Skipiste aufgewacht bin und meine beiden Skier meterweit von mir entfernt lagen. Offenbar war ich mit einer Frau zusammengefahren und hatte eine kleine Gehirnerschütterung. Erst da ist mir bewusst geworden, wie gefährlich Skifahren sein kann und ich habe seitdem großen Respekt davor.

Als Kind war mir ja außerdem gar nicht bewusst, wie teuer ein Skiurlaub eigentlich ist. Jedes Jahr haben sich meine Eltern, meine beiden Geschwister und ich in unser Auto gepfercht, um stundenlang in ein Skigebiet zu fahren, in dem wir eine Woche lang in einem Hotel untergebracht waren. Bevor es losgehen konnte, mussten aber in einem besonders langwierigen Prozess für jedes von uns stetig wachsenden Kindern in einem Laden, in dem es dominant nach Füßen roch, neue Ski und Skischuhe ausgeliehen werden, bevor wir alle einen Skipass für 200 Euro aufwärts bekamen, nur damit ich meinen Eltern dann jeden Tag nach dem Aufwachen erst mal eine halbe Stunde lang erklärt habe, warum ich heute nun wirklich nicht Ski fahren und lieber im Wellnessbereich des Hotels abhängen will. Das ist auch der Grund, warum ich seit Jahren nicht mehr im Skiurlaub war: Jedes Mal, wenn ich anfange, in durchzukalkulieren, denke ich mir: Okay, ich könnte eine Woche in den Skiurlaub fahren *oder* ich könnte mir fünfzehn neue Outfits kaufen! Ich entscheide mich jedes Mal für die Outfits.

Ich mag keine Snowboarder, und ich kann euch nicht mal sagen, warum. Das sind natürlich alles fürchterliche Vorurteile, aber schon, wenn jemand ganz »lässig« auf seinem Snowboard vorfährt, weiß ich, dass diese Person bestimmt ständig barfuß und mit Gitarre um die Schulter geschlungen die Home-Partys von Politikwissenschaftsstudierenden crasht und dort ununterbrochen versucht, in einem unbemerkten Moment den Song »Wonderwall« anzustimmen. Nicht mit mir, Jan-Frederik! Das funktioniert übrigens auch in die andere Richtung: Sobald mich jemand auf der Rolltreppe mit einem Jutebeutel voll Kichererbsendosen anrempelt, denke ich mir aus irgendeinem Grund: »Ja ja, sicher ein Snowboarder!«

Dass ich im Winter durchgehend statisch aufgeladen bin, nervt mich total. Dafür gibt es natürlich eine ganz logische Erklärung: Weil wir so viel heizen, ist in unseren Wohnungen die Luft trockener und die überschüssigen Elektronen sammeln sich in unserem Körper an, weswegen wir bei der Berührung von metallischen Objekten oder anderen Menschen entladen werden und einen kleinen elektrischen Schlag bekommen. Okay, ergibt sogar irgendwie Sinn, dennoch kann ich nicht anders, als die elektrischen Schläge in der Winterzeit immer als böses Omen von *da oben* zu sehen und mir einzureden, dass mein Postbote, bei dessen Händedruck ich gerade einen elektrischen Schlag bekommen habe, einfach kein guter Mensch ist und ein düsteres Geheimnis hat.

Manchmal macht mich das aber wirklich fertig: Als würde es nicht schon reichen, dass ich ab November *emotional* geladen bin, kommt in dieser Jahreszeit auch noch elektrische

Ladung dazu? Ich muss also zusätzlich mit den spontanen Besuchen entfernter Bekannter und Verwandter, die gerade »zufällig in der Stadt« sind und unbedingt mit mir auf einen Weihnachtsmarkt gehen wollen, obwohl wir rein gar nichts gemeinsam haben und uns eigentlich nicht leiden können, auch noch jederzeit mit einem kleinen Elektroschock rechnen? Womit habe ich das bloß verdient?

Die Weihnachtszeit ist gleichzeitig auch die Schnupfen- und Krankheitszeit. Ein bisschen diabolisch ist es schon, dass wir uns just in der Zeit, in der man sich am leichtesten erkältet, auch gezwungen sehen, viele entfernte – teilweise auch alte – Verwandte zu treffen, so als würden wir darauf abzielen, so viele Menschen wie möglich anzustecken. Wenn ich der Corona-Pandemie eine positive Sache abgewinnen müsste, dann ist das definitiv, dass es nun um einiges akzeptabler und geläufiger geworden ist, einfach zuhause zu bleiben und Besuche zu meiden, wenn man sich nicht fit fühlt. Gott sei Dank! Endlich sehe ich mich nicht mehr gezwungen, auf einer Firmenweihnachtsfeier neben Sekretärin Franziska zu sitzen, die die letzten drei Tage mit 40 Grad Fieber im Bett gelegen ist und sich – um ehrlich zu sein – immer noch nicht ganz fit fühlt (an dieser Stelle ihrer Erzählung hat sie ohne Zweifel einen zweiminütigen Hustenkrampf), sich aber extra für diese Weihnachtsfeier aufgerafft und mit Schmerzmitteln zugedröhnt hat, weil sie sich dieses geniale Weihnachtsbuffet einfach nicht entgehen lassen möchte, woraufhin sie sich direkt als erste dort anstellt und mit ihrem Teller in der Hand direkt in den offenen Trog Kartoffelpüree niest, von dem wir jetzt alle essen müssen.

Ich hasse meine Energielosigkeit im Winter. In den Wintermonaten habe ich nur äußerst selten so richtig Lust, meine gemütliche Wohnung zu verlassen, und wer kann es mir verübeln? Weil ich langsam zu einem dieser anstrengenden »Sommer-Menschen« werde, die in ihrem Instagram-Profil extra einen beknackten Satz wie »You can find me at the Beach!« anführen, sehne ich mich im Dezember, Januar und Februar nicht selten nach diesen Zeiten im Hochsommer, in denen ich leicht bekleidet draußen unterwegs bin und mir denke: »Was, schon 21 Uhr? Ist mir gar nicht aufgefallen!« Im Winter dagegen geht die Sonne bedrückend früh unter und ich erwische mich nicht selten dabei, mir zu denken: »Was, schon 16 Uhr? Na gut: Zeit fürs Bett!« Ich kann doch nicht der Einzige sein, dem es so geht, oder? Jeder Schritt nach draußen fühlt sich in diesen Monaten wie eine Expedition durch die Antarktis an, für die ich eine Vielzahl an Gegenständen – drei Schichten schwerer Kleidung, Mütze, Handschuhe, Schal, flauschige Stiefel, was Warmes zum Trinken – und am besten auch einen Sherpa benötige. Und bitte kommt mir nicht mit dem altklugen »Michi, das nennt man *Winterdepression* und das ist ganz normal. Es könnte dir helfen, wenn du z.B. Vitamin D3 in Kombination mit K2 nimmst, bei der Bowling-Mannschaftskollegin meiner Cousine Roberta hat das ganz fantastisch geholfen!« Danke für deinen ungefragten Rat, Babsi, aber ich habe wirklich bereits *alles* probiert – sogar, mir einzureden, dass es doch bereits Frühling ist, indem ich mich mit Selbstbräuner eingeschmiert und luftig gekleidet durch meine gut beheizte Wohnung tänzelte. In diesen Monaten hilft wirklich *nichts*, außer zu warten, bis sie vorbei sind. Wer mich im Winter zu Gesicht bekommen möchte, hat leider keine Chance; ähnlich wie die Musikerin Enya bin ich in meinem trauten Zuhause verbarrikadiert und verlasse es nur sporadisch, um ein trauriges Lied über den Schnee zu singen.

Ich hasse das Schneechaos. Neuschnee ist für gefühlt 2,5 Sekunden total süß und atemberaubend, ehe das absolute Schneechaos ausbricht und die halbe Stadt plötzlich lahm liegt. U-Bahnen kommen zu spät, Fußgänger fallen hin und brechen sich den Oberschenkelhals, und es dauert auch nicht lange, bis die ersten Streufahrzeuge durch die Straßen fegen und Salz streuen, das von jetzt bis in den März des Folgejahres in der Sohle meines Schuhs stecken und für merkwürdiges Ungleichgewicht beim Gehen sorgen wird. Besonders für Autofahrer ist »Schnee« ein ähnlich ergiebiges Thema wie sonst nur »Parkplätze«, und ich muss mein Gehirn mal wieder auf Durchzug schalten, weil mich ihr Monolog über Allradantrieb und Kettenpflicht nun wirklich nicht interessiert. Fahr doch einfach mit dem Zug! In ein besonderes Scheusal – ja sogar in einen regelrechten Eiskönig – verwandle ich mich übrigens, wenn ich gerade eine Essensbestellung beim Lieferservice meines Vertrauens abgegeben habe und es zwei Sekunden, nachdem ich »Bezahlen« geklickt habe, zu schneien anfängt, was – wie ich mittlerweile nur allzu gut weiß – bedeutet, dass ich mein Essen entweder in drei Stunden oder gar nicht sehen werde. Ähnlich wie Meryl Streep in *Der Teufel trägt Prada* brülle ich dann in ein Telefon: »Ich bitte Sie, es nieselt doch nur!«, während draußen ein Orkan an meiner Wohnung vorbei fegt. All das wirft bei mir nicht zuletzt die Frage auf, ob die

Leute denn nach all den Jahren, die sie bereits auf der Welt sind, nicht schon langsam wissen, dass es im Winter nun mal hie und da schneit?

Ich hasse Glatteis. Ich bin wirklich nicht religiös, aber Glatteis halte ich einfach für einen kleinen Gag eines manchmal nicht so lieben Gottes. Irgendwer möchte uns doch einfach nur dabei beobachten, wie wir auf Glatteis ins Schleudern geraten und noch lustig strampelnd versuchen, uns zu retten, ehe wir äußerst schmerzhaft auf unsere Hintern plumpsen. Insgeheim hoffe ich bei jedem dieser Ausrutscher, dass gerade zufällig jemand mitgefilmt hat, damit meine kleine Panne unter Verwendung unzähliger Sound Effects zumindest zu einem viralen Hit auf TikTok werden kann.

Unsere Fixierung auf Skistars geht mir auf den Keks. Wenn man einmal halbwegs erfolgreicher Skifahrer war, stehen einem eigentlich alle Türen offen: Plötzlich kann man für die nächsten vierzig Jahre Bücher schreiben, inspirierende Reden halten, durchgängig Gast in TV-Shows sein oder Testimonial in Fernsehwerbungen für Versicherungen werden, die mal wieder zeigen, dass »gut Skifahren können« und »fehlerfrei drei Sätze in die Kamera sagen können« nicht immer miteinander einhergehen. Ich möchte auch nicht zu gemein sein (womöglich ist dieser Dampfer aber an dieser Stelle des Buches bereits abgefahren) und gebe zu, dass ich einfach nur verbittert und neidisch bin: Hätten meine Eltern mich in meiner frühesten Kindheit nicht einfach zwingen können, ein bisschen besser Ski zu fahren? Dann müsste ich jetzt nicht mit meinem Comedyprogramm durch die

Kaffs dieser Welt tuckern und hoffen, dass die Mehrzweckhalle Simbach halbwegs ausverkauft ist, sondern hätte schon längst als »Ratte« bei *The Masked Singer* »WAP« von Cardi B und Megan Thee Stallion rappen können.

Die Zeitumstellung verwirrt mich jedes Jahr aufs Neue. Sobald wir am 30. Oktober auf die Winterzeit umstellen, tauchen so viele Fragezeichen in meinem Kopf auf, wie zuletzt nur bei der Kurvendiskussion im Matheunterricht. Was muss ich jetzt genau machen? Einmal habe ich in einem Café gegenüber einer Freundin meine Verwirrung zur Zeitumstellung kundgetan, als sich die Dame am Nebentisch zu Wort meldete und erklärte: »Im Winter holen wir die Gartenmöbel zurück ins Haus, also stellen wir auch die Uhr eine Stunde zurück«. Ähm … excuse me? Wer hat dich gefragt, fremde Lady? Warum lauschst du einfach unserem Gespräch und fängst dann an, wirres Zeug über Gartenmöbel zu brabbeln? War LSD in deinem Latte Macchiato? Von der bodenlosen Frechheit ihrer Lauschattacke mal ganz abgesehen, hilft mir diese Eselsbrücke kein bisschen. Sag mir einfach, ob ich länger schlafen kann oder nicht.

Außerdem hasse ich es, dass bei der Zeitumstellung zwar manche meiner elektronischen Geräte automatisch die Zeit ändern, aber eben nicht alle und ich mich dadurch gezwungen sehe, mal wieder ewig an meiner Mikrowelle herumzudrücken. Denn schwierig, wie ich bin, möchte ich natürlich, dass die Zeit auf allen Geräten in meiner Wohnung auf die Sekunde genau gleich angezeigt wird, weswegen ich im Rahmen jeder Zeitumstellung eine weitere Stunde verliere, die ich damit verbringe, die Zeitanzeigen umzustellen.

Ein einziges Mal in meinem Leben hat mir die Zeitumstellung übrigens tatsächlich genau in die Karten gespielt, nämlich als ich mit Freunden am 27. März um 2 Uhr morgens in der Schlange für einen Club stand, den ich – unter uns – gar nicht wirklich besuchen wollte. Dann warf ich einen Blick auf mein Handy und bemerkte, dass es aufgrund der Zeitumstellung plötzlich schon 3 Uhr morgens war. Mein Signal, zu raunen: »Jetzt stehe ich schon EINE STUNDE in dieser Schlange!«, obwohl es gerade mal ein paar Minuten waren, und einfach zu gehen.

Ich hasse das Schlittschuhlaufen und habe davon mehrere Traumata davongetragen, die mich bis zum heutigen Tag verfolgen. Meine miserable Beziehung zu dieser Freizeitaktivität begann im Alter von 7 Jahren, als ich beim Spielen in der Schule hinfiel, woraufhin meine Klassenkameradin Nina mit ihrem Schlittschuh über meinen linken Zeigefinger gefahren ist, der bis heute ein komisches Geräusch macht, wenn ich ihn abknicke. Was war da los, Nina? Macht es dir Freude, jene zu treten, die ohnehin bereits am Boden liegen? Sicher wirft sie sich bis zum heutigen Tag mit vollem Körpergewicht auf sämtliche alten Frauen, die in ihrer Gegenwart hinfallen, und lacht dabei manisch. Vielleicht war es ja aufgrund dieser negativen Erfahrung, dass ich nie wirklich Interesse daran hatte, Schlittschuhlaufen zu lernen, was zu erheblichen Problemen am Gymnasium führte, da ich bei unseren Schlittschuh-Stunden im Sportunterricht als Einziger nur wie ein hilfloser Pinguin über das Glatteis tapsen konnte, während meine Mitschüler um mich herum Pirouetten am Eis drehten. Wieso konnten die das alle? Offenbar war ihnen in der Prägephase nie jemand mit einer Schlittschuhklinge über den Finger gefahren. Nach den Einführungsstunden meines Sportlehrers ging ich eigentlich davon aus, ein ausgezeichneter Schlittschuhläufer zu sein und praktizierte den Sport mit den Worten »Ach, das ist wie Fahrradfahren – das verlernt man nicht!« jahrelang nicht, bis ich anfing, meinen Lebensgefährten zu daten und ihn bei einem winterlichen Date mit meinen Eislaufkünsten beeindrucken wollte, nur um beim ersten Kontakt mit dem Eis blitzartig zu realisieren, dass Eislaufen absolut nicht wie Radfahren war und man es definitiv verlernen konnte. Aber wer weiß: Vielleicht war es ja auch wichtig, mich bereits bei einem unserer ersten Dates als absoluten Schussel zu etablieren, der im 5-Sekunden-Takt auf seinen Hintern fällt, denn acht Jahre später führen wir noch immer eine Beziehung, in der Schlittschuhlaufen zum Glück überhaupt keine Rolle spielt.

Schneeballschlachten sind abartig. In romantischen Filmen sieht es ja immer ganz süß aus, wenn Jennifer Aniston und Patrick Dempsey mit Schneebällen um sich werfen, aber ich werde den Verdacht nicht los, dass sich genau auf den Fleck Schnee, den ich gerade in die Hand genommen habe, nur Sekunden zuvor ein Hund erleichtert hat. So sehr kann ich mein Gegenüber gar nicht hassen, dass ich ihm gerne Hundepisse ins Gesicht werfen möchte.

Michis Tipps gegen den Winterblues

Nimm irgendwas. Ich bin kein Arzt, auch wenn viele das aufgrund meiner unleserlichen Handschrift von mir glauben mögen. Außerdem glaube ich nicht wirklich an Nahrungsergänzungsmittel und habe die Erfahrung gemacht, dass man meistens einfach nur viel Geld dafür ausgibt, dass man hinterher hellgrünen Urin hat. Ich glaube allerdings sehr wohl an den Placeboeffekt. Iss einfach ein Minzbonbon und rede dir ein, dass es eine magische »Anti-Winter-Blues-Pille« ist. Vielleicht klappt's ja! Günstiger als Nahrungsergänzungsmittel ist es allemal.

Verwende Selbstbräuner. Wenn ich Bilder von mir im Winter sehe, schockiert mich immer am meisten, dass ich durchgehend so bleich aussehe, als hätte ich kurz vor Entstehen des Fotos eine Leiche im U-Bahn-Klo gefunden. Daher verwende ich im Winter sehr gerne Selbstbräuner und rede mir ein, dass ich gerade von einem dreiwöchigen Malediven-Urlaub zurückkomme. Hach, es ist so schwierig, mich wieder daran zu gewöhnen, Socken und festes Schuhwerk zu tragen, weil ich ja auf der Insel meistens barfuß im Sand war …

Thermounterwäsche ist die Lösung. Lange Zeit habe ich mich geweigert, Thermounterwäsche zu tragen. Ich bin doch keine 90 und habe auch nicht vor, demnächst Skifahren zu gehen! Dann hatte ich einmal einen Dreh im Winter, bei dem ich vier Stunden auf einer Parkbank sitzen musste und habe doch Thermounterwäsche angezogen. Ich lüge nicht, wenn ich sage, dass ich sie zwischen Oktober und März selten ausziehe (keine Sorge, ich habe mehrere Paare).

Zwing dich, das Haus zu verlassen. Wenn die Sonne spät auf- und früh untergeht ist es leicht, sich einbläuen zu lassen, dass der Tag eigentlich um 17:00 Uhr zu Ende ist – aber ein halbes Jahr später, im Sommer, habe ich um 17:00 Uhr, wenn's gut geht, gerademal mein Mittagessen eingenommen. Ich hasse es, wie asozial ich im Winter werde, und glaube, dass das auch Grund für meine schlechte Laune ist. Deswegen zwinge ich mich auch in der kalten Jahreszeit, regelmäßig das Haus zu verlassen: Freunde treffen, ins Theater gehen oder einfach ein bisschen spazieren. Ich habe mich danach immer besser gefühlt als davor.

Winter-Wonderland mit Hindernissen

Es war vor zwei Jahren im Winter, als mir meine Freunde vorschlugen, gemeinsam als Gruppe eine kleine Hütte am Arlberg zu mieten. »Komm schon, Michael, das wird fantastisch!«, motivierte mich meine Freundin Selma, die wusste, dass ich Bedenken hatte. »Wir können jeden Tag Skifahren, gemeinsam kochen, beim Kaminfeuer Brettspiele spielen und einfach ENTSPANNEN! In dem Haus gibt es kein Wi-Fi also haben wir genug Zeit!«

Sport? Brettspiele? Kein Wi-Fi? So, wie sie es formulierte, hätte man meinen können, Selma wolle mir den Urlaub absichtlich ausreden.

Wer mich auch nur ansatzweise kennt, weiß mittlerweile, dass ich ganz spezielle Vorstellungen von »Urlaub« habe. Ein winterlicher Aufenthalt am Arlberg klingt für mich natürlich in erster Linie absolut fantastisch, da ich es kaum erwarten kann, mein eigenes Körpergewicht in Kaiserschmarrn und Cremeschnitten zu essen! Allerdings bin ich eines dieser merkwürdigen Geschöpfe, das darauf besteht, im Urlaub ausschließlich in Hotels zu übernachten. Wenn schon, denn schon.

Eine 50-m²-Hütte (die natürlich getreu aller Marketingregeln ausschließlich als »Chalet« bezeichnet wurde, aber seien wir ehrlich: Ein Chalet ist auch nur eine Hütte im Schafspelz) mit vier Freunden zu mieten, klang dagegen wie die Vorstellung meiner persönlichen Hölle. Genauso gut konnte ich eine Woche im Tourbus der Kelly Family verbringen. Denn meiner Meinung nach sind Urlaube dazu da, um dem Alltag zu entkommen. Nun erklärte mir Selma, sie wolle im Urlaub *kochen*? Als nächstes würde sie vermutlich vorschlagen, gemeinsam den Steuerausgleich zu machen und die Sanitäranlagen des gemieteten Hauses gründlich zu reinigen.

Ich möchte doch einfach nur in der Badewanne liegen und ein überteuertes Club Sandwich beim Room Service bestellen, ehe ich mich in den Ruheraum des Wellnessbereichs lege und dort laut schnarche! Doch meine Freunde hatten dafür kein Verständnis und lehnten meine Bitte, vielleicht doch nach einem netten Hotel zu suchen, einstimmig ab. »Michael, du verwandelst dich schon wieder in Mariah Carey! Jetzt hab dich doch nicht so!«, sagten sie mir. »Eine Woche auf engstem Raum miteinander wird uns helfen, uns noch viel besser kennenzulernen!«

Ich habe erst vor Kurzem deine Haare gehalten, als du dich beim Ausgehen übergeben musstest, Selma! Wie viel »näher« können wir uns denn bitte noch kennenlernen? Um ehrlich zu sein, hatte ich beim Gedanken an diesen Urlaub auch ein bisschen Sorge um unser aller Leben, denn klang diese Idee eines »gemütlichen Urlaubs im winterlichen Chalet« nicht exakt wie der Beginn eines Agatha-Christie-Krimis? Bestimmt würde ein Schneesturm ausbrechen und nach und nach einer von uns umgebracht werden, bis es niemanden mehr gab.

Trotz meiner stetig größer werdenden Todesangst willigte ich ein, und Selma reservierte die Hütte für uns. Nach einer langen Autofahrt, während der ich meine vergnügten Freunde gerade noch davon abhalten konnte, den Song »Let it snow!« in Dauerschleife zu singen, kamen wir nachts in unserem Haus nahe der Skipiste an. Erschöpft trat ich ein und betätigte den Lichtschalter, nur um festzustellen, dass dieser, wie auch alle anderen Stromquellen in diesem supertollen Chalet, nicht funktionierte. Schon bald dämmerte mir, dass dieses Haus in etwa so viel Elektrizität hatte, wie meine Freunde Gesangstalent: Absolut gar keine.

Nach einigen hektischen Anrufen an unseren Airbnb-Vermieter, während derer ich im Kreis lief und wütend meine Faust schüttelte, stellte sich heraus, dass dieser wohl schon seit geraumer Zeit die Stromrechnung nicht bezahlt hatte und es einige Tage dauern konnte, die Elektrizität wieder in Gang zu bringen. Ich gab einen Seufzer von mir, der so laut war, dass er vermutlich eine Lawine auslöste. Wir alle waren extrem genervt von dieser Neuigkeit – besonders meine Freundin Brigitte, die auf ihr Glätteisen schwört, da ihre Haare ansonsten so aussehen wie die von Tingeltangel Bob.

Ich glaube, es war Selma, die noch versuchte, die Situation zu retten. »EGAL! Wer braucht schon *Strom*?«, fragte sie bemüht fröhlich in die Runde. »Versuchen wir doch einfach, eine Woche lang ohne Elektrizität auszukommen, das wird bestimmt witzig!« Wenn Blicke töten könnten, wäre Selma vermutlich, ob all unserer Todesblicke, an Ort und Stelle explodiert.

»So weit ist es also gekommen – jetzt muss ich mich von Würmern und meinem eigenen Urin ernähren!«, jammerte ich geschwächt vor mich hin. Selma versuche mich zu beruhigen: »Aber Michi, es gibt hier Restaurants und jede Menge Trinkwasser.« Ihr Optimismus war unangebracht. »Würmer und Urin …«, wiederholte ich leise, während ich meinen Kopf schüttelte.

Es war in diesem Moment, als ich die Chance ergriff, endlich das neue Alphamitglied der Gruppe zu werden. »Okay, wer möchte in ein Hotel gehen?«, fragte ich bestimmend. Sehr zu meiner Verwunderung hoben alle meine Freunde – selbst Selma – nach und nach die Hände. *Halleluja!* Endlich waren sie zur Besinnung gekommen. Es dauerte keine fünf Minuten, bis ich bereits im Auto saß und hupte, während ich laut »Kommt schon, fahren wir los!!!« schrie.

Da uns der Vermieter sofort unser Geld zurückgegeben hatte, fiel es uns nicht mal schwer, ein richtig nettes Hotel zu finden, in dem jeder sein eigenes Zimmer hatte. Später an diesem Abend, als ich gerade in der Badewanne meines Hotelzimmers lag und ein viel zu teures Clubsandwich vom Room Service naschte, machte ich mir über die Geschehnisse der vergangenen Stunden Gedanken.

Ja, vielleicht war ich ein bisschen zu streng gewesen, indem ich mich nur wenige Tage vor Weihnachten in eine Mariah-Carey-artige Diva verwandelt hatte. Eigentlich war es ja völlig egal, wo wir nächtigten, solange wir als Freundesgruppe ein paar schöne, gemeinsame Tage hatten, wie wir sie ob unserer immer voller werdenden Terminkalender leider nur noch viel zu selten haben.

Doch trotzdem war ich froh, dass ich meinen Freunden – quasi als mein verfrühtes Weihnachtsgeschenk – eine wichtige Lektion mit auf den Weg geben konnte, die sie sicher gut durch das kommende Jahr tragen würde: Michi hat immer Recht.

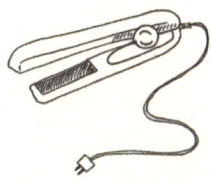

8. Soziale Medien

Selten bekommen wir so ein verzerrtes Bild der Feiertage zu sehen wie im wirren Spiegelkabinett von Instagram, Facebook & Co. Alle – von Influencern bis hin zu alten Bekannten aus der Schulzeit – präsentieren uns in dieser Jahreszeit das Highlight-Reel ihrer schönsten, weihnachtlichen Momente, wodurch ich mich noch viel schlechter fühle als ohnehin schon: Bin ich etwa der Einzige, den die Weihnachtszeit stresst, verzweifeln und immer öfter zur Flasche greifen lässt? Anstatt dass wir alle einfach ehrlich sind und zugeben, dass im frostigen Dezember nun mal nicht alles glatt läuft, schalten manche Leute genau in dieser Zeit einen Gang höher, um ihre perfekte Fassade aufrecht zu erhalten. Ich habe genug! Nachfolgend lest ihr, was mich in der Weihnachtszeit an den sozialen Medien besonders nervt.

Ich hasse es, dass alle Leute es sofort auf Instagram posten müssen, wenn es schneit. Ich lüge euch nicht an, wenn ich sage, dass ich von den meisten Schneefällen der letzten Jahre eher aus den sozialen Medien erfahren habe, als davon, ganz einfach aus dem Fenster zu schauen. Warum haben so viele von uns das Bedürfnis, den Wetterumschwung sofort ihren Followern mitzuteilen, zumal die meisten von ihnen ohnehin früher oder später selbst bemerken werden, dass es schneit? Es wird nahezu wie ein kleiner Wettbewerb: Wer bekommt das schönste Bild vom Schneeparadies hin? Ein Wettbewerb, aus dem ich mich übrigens gerne raushalte: Über dem Himmel Wiens könnte plötzlich Aurora Borealis auftauchen, und ich würde auf Instagram dennoch nur makellose Selfies veröffentlichen. Wenn ihr schon so aufgeregte Postings machen müsste, dann hört bitte nicht beim Schnee auf. Verwandelt euer Instagram-Profil einfach in einen Meteorologie-Account und teilt es eurer Followerschaft auch mit, wenn es plötzlich zwei Grad wärmer wird oder ihr gerade einen kleinen Regentropfen abbekommen habt. Es ist das einzig Richtige.

Warum müssen Leute ihre Geschenke immer auf Instagram zeigen? Irgendwie ist es ja süß, dass sie das Bedürfnis haben, ihre erhaltenen Geschenke am Morgen nach Weihnachten aufgeregt in die Kamera zu halten und ihren Followern mit 130 km/h darüber zu erzählen, aber dennoch stößt es mir beim Ansehen dieses Materialismus' immer etwas sauer auf. Muss das sein? Das Aufzählen der erhaltenen Geschenke war vielleicht im Kleinkindalter ganz süß, aber wie ein Blick auf deine sonstigen oberkörperfreien Instagram-Postings mit Hashtags wie #masc4masc verraten, bist du definitiv kein Kleinkind mehr, Jochen. Außerdem finde ich nichts langweiliger, als von den erhaltenen Geschenken anderer Leute zu hören. Kannst du uns nicht eher erzählen, wieviel du an Weihnachten gegessen hast oder worüber du und deine Familie gestritten habt? DAS würde mich mal interessieren!

Ich hasse es, wenn Leute eine Social-Media-Pause im Winter ankündigen. Sie sind der Überzeugung, dass auch

159

der Mensch – ähnlich wie die Natur – Winterschlaf halten sollte, und gönnen sich daher eine berufliche Auszeit von Dezember bis März. Hallo? Geht's noch? Gib doch einfach zu, dass du *faul as fuck* bist und nicht arbeiten willst, aber lass die Natur da raus. Gerade im Dezember möchte ich persönlich mir keine Auszeit gönnen, da die Aufträge da immer besonders gut bezahlt sind und ich ob meiner frivolen »Man gönnt sich ja sonst nichts! Bei all den Geschenken für andere, darf ich auch nicht vergessen, mich selbst zu beschenken!«-Attitüde so viel Geld ausgebe, als handle es sich dabei um eine »alte Währung«, die ich schnell loswerden muss, bevor sie ihre Gültigkeit verliert. Wenn wir schon bei der Natur sind, bin ich beruflich wohl eher wie ein Unkraut: Selbst, wenn man glaubt, man ist mich losgeworden, komme ich aus irgendeiner anderen Furche erneut – und viel kräftiger als zuvor – zurück. Ihr werdet mich nicht los.

Jahresrückblicke in den sozialen Medien finde ich nervig. In den letzten zwei Wochen des Jahres fühlt sich wirklich jede Person, die auf Instagram auch nur annähernd mehr als 150 Follower erreicht, bemüßigt, einen Jahresrückblick zu machen, um zu zeigen, was ihnen im vergangenen Jahr alles tolles passiert ist und einmal mehr unter Beweis zu stellen, dass ihr Leben definitiv eines der besseren ist. Ich hasse diese Jahresrückblicke einerseits, weil sie einfach nur eine faule Ausrede sind, um keinen neuen Content produzieren zu müssen, sondern einfach – wie bei der 100. Folge einer Sitcom aus den 90er-Jahren – eine ausgelassene Clipshow an Sonnenuntergängen auf Bali und Fotos mit lachenden Freunden zu bringen, während sie in einer befleckten Jogginghose auf dem Sofa liegen und beim Posten ihrer »Best Moments« den Staub der Paprikachips auf ihrem Handydisplay verschmieren. Andererseits nervt mich natürlich, dass *niemand* bei diesen Jahresrückblicken auf die negativen Momente, die nun mal jedes Jahr mit sich bringt, eingeht. Irgendwie sprichst du sehr viel von dem Heiratsantrag, den du bekommen hast, aber eher weniger darüber, dass dein Verlobter im vergangenen Jahr mehr »verfallende Fotos« an nichtsahnende junge Damen verschickt hat, als so mancher zwielichtige Politiker.

Das gilt besonders für Spotify Wrapped, den Jahresrückblick von Spotify, der dir ganz genau anzeigt, welche Songs, Musiker und Podcasts du im vergangenen Jahr am häufigsten gehört hast. Wenngleich es ein Trend ist und von Spotify durch storyfreundliche Templates aktiv gefördert wird, würde ich diesen Rückblick *nie* auf meinen Social-Media-Kanälen posten, da mir mein Musikgeschmack unfassbar peinlich ist. Wie oft kann ein einziger Mensch »The Sign« von Ace of Base hören? Eher würde ich meine Nacktbilder veröffentlichen, als mein Spotify Wrapped. Auch die Spotify Wrapped anderer Menschen interessieren mich nicht die Bohne. Mit musikalischen Jahresrückblicken verhält es sich wie mit Kindern, Haustieren und detailgetreuen Nacherzählungen von Träumen: Es ist nur spannend, wenn es die eigenen sind.

Auf die Memes, die alle zum Jahresende teilen, kann ich gern verzichten. Darin geht es seit der Corona-Pandemie ja vor allem darum, wie anstrengend das vergangene Jahr doch war und wie glücklich wir sein können, dass wir es gerade noch überlebt haben – so als hätten die meisten von uns nicht eigentlich ein ganz angenehmes Jahr gehabt, in dem maximal unsere Amazon-Pakete zu spät gekommen sind und wir nicht immer sofort Klopapier bekommen haben. Am schlimmsten aber finde ich jene Memes, in denen es darum geht, wie schnell das Jahr denn schon wieder vergangen ist, obwohl doch gerade erst Januar war! Ich finde das spannend: Kaum packt man es in ironische Meme-Form, finden solche Aussagen alle total fantastisch und markieren mich zuhauf unter den Beiträgen, aber sobald Großtante Mimi Aussagen der Sorte »Oooh, die Zeit vergeht ja wie im Nu, kaum dreht man sich zweimal um, ist auch schon wieder Weihnachten!« trifft, verdrehen alle die Augen und jaulen: »Mensch Tante Mimi, Zeit, dass du ins Heim kommst!«, so als wäre das nicht *exakt dieselbe Aussage*, nur in anderer Form.

Ich mag keine süßen, weihnachtlichen Pärchenbilder auf Instagram. Sobald die ersten Schneeflocken fallen, scheint es den Menschen schier unmöglich zu sein, einfach spontane, ungestellte Fotos zu schießen. Gefühlt jedes Foto, das zur Weihnachtszeit entsteht, ist so gestellt und überinszeniert wie ein Annie-Leibovitz-Fotoshoot. Ein klassisches Beispiel ist das beliebte Fotomotiv, in dem Paare oder Familien vor dem geschmückten Weihnachtsbaum stehen und ein falsches Lächeln in die Kamera grinsen. Warum? Vielleicht sind wir alle gebrandmarkt von den Weihnachtsfeiern unserer Kindheit, in denen gewisse Familienmitglieder uns eine Kamera ins Gesicht drückten und wie ein strenger Polizist den Befehl erteilten, Tante Fridas Sockenset in die Kamera zu halten und so zu tun, als würden wir uns riesig darüber freuen. Unmöglich! Nicht mal Meryl Streep könnte so tun, als würde sie sich über Socken freuen. Wir leben doch im Zeitalter der Authentizität; wenn ihr mich fragt, wäre es viel sympathischer, authentische Bilder von uns zu veröffentlichen, wie wir betrunken unter dem Weihnachtsbaum liegen, während im Hintergrund die Rauchschwaden der verbrannten Weihnachtsgans aufsteigen. Merry Crisis!

Wie abgedreht sind denn sexy Weihnachtsbilder auf Instagram? Jene Menschen aus meinem Freundeskreis, die in den sozialen Medien gerne Haut zeigen (woran natürlich absolut gar nichts verwerflich ist), müssen sich zur Weihnachtszeit wirklich mächtig ins Zeug legen, um weiterhin den freizügigen Content zu liefern, mit dem sie ihre Followerschaft im Rest des Jahres auch verwöhnen. Während es im Frühling und Sommer relativ normal ist, spärlich bekleidete Fotos zu posten, weil die wenigsten von uns in einem Imkeroutfit am Strand abhängen, müssen sie schon kreativ werden, um sich im Herbst und Winter ebenfalls so zu zeigen, wie Gott (und diese paar Pamela-Reif-Workout-Videos) sie schuf. Ein Klassiker ist und bleibt natürlich das laszive »Kann es bitte endlich wieder wärmer werden?«-Sommer-Throwback-Bild, aber wie wir alle wissen, kann man diese Karte wirklich nur einmal in der Saison spielen, ohne wie die Sorte Person zu wirken, die eine ungesunde Fixierung auf Strand und Sommer hat. Dann fangen sie an, halb-nackt in einem kuscheligen Bett oder vor dem Kaminfeuer zu posieren und das hat, wie ich euch leider sagen muss, nun wirklich nicht die gleiche Ungezwungenheit wie ein Strand-bild, sondern wirkt eher wie ein überinszeniertes Fotoshoo-ting für einen »aufreizenden Kalender«, den man seinem Ehegatten Engelbrecht zum 20. Hochzeitstag schenkt, um ihm zu zeigen, dass man durchaus noch heiß wie ein Chili sein kann, wenn man nur möchte. Bitte entspannt euch: Ich glaube euch schon, dass sich unter diesem Ugly Christmas Sweater nach wie vor ein Sixpack befindet und muss nicht wöchentlich daran erinnert werden. Im Winter dürft auch ihr euch ruhig mal eine kleine Thirst-Trap-Pause gönnen; ihr könnt ja dann am meteorologischen Frühlingsbeginn – und keine Sekunde später – wieder damit anfangen.

Eine Lüge zu Weihnachten

Es war mal wieder soweit: Anfang Dezember, nach der ge-fühlt dreihundertsten neuen Mail in meiner Inbox und einem Handy, das mehr vibrierte als so manches Sextoy, platzte mir der Kragen. »Hallo – ich war in meiner Schul-zeit doch super unbeliebt«, schrie ich niemand bestimmten an, da ich völlig alleine zuhause saß: »Wie kann es sein, dass heutzutage so viele Leute etwas von mir wollen?«

Dass selbst im Leben eines Selbstständigen in den letzten drei Monaten des Jahres mehr zu tun ist als sonst, sollte mitt-lerweile keine Überraschung mehr für mich sein. Jahr für Jahr steigt in mir ab Oktober das Stressgefühl und resultiert meistens in den bereits erwähnten Atembeschwerden, sowie als Kirsche obendrauf auch in einer kleinen, aber feinen Panikattacke gegen Mitte des Weihnachtsmonats. Wenngleich Panikattacken nicht dem absoluten Weltuntergang gleichen, sind sie doch eine Reaktion meines Körpers, auf die ich – ähnlich wie auf übermäßiges Schwitzen beim Smalltalk – nur allzu gerne verzichten möchte.

Zwar bin ich sicherlich nicht in der Berufsgruppe tätig, die es am härtesten trifft, aber dieser Leistungsdruck gegen Ende des Jahres ist mir wirklich nicht mehr egal: Pünktlich zum 15. Dezember fällt allen Leuten, die ich im vergangenen Jahr auch nur einmal kurz schief angeschaut habe, ein, dass sie noch *total dringend* etwas von mir brauchen, das definitiv nicht bis nächstes Jahr (was ewig weit weg klingt, tatsächlich aber nur zwei Wochen in der Zukunft liegt) warten kann. Kann ich nicht einfach mal mitten im Dezember für eine Woche lang nichts tun, ohne dass mich jemand als faules Sensibelchen abstempelt?

Ob meiner klassischen Stresssymptome war es an der Zeit, etwas zu ändern, bevor ich mich in einen verrückten Workaholic verwandelte, der *noch* mehr mit sich selbst sprach. Weil mich nur weniges mehr entspannt als eine gute Lüge, erreichte mich zugleich ein spontaner Geistesblitz: Voller Elan trug ich mir für die kommende Woche groß »Yoga Retreat in Bali« in meinen Kalender ein und formulierte für meine Mails eine Abwesenheitsnotiz mit dem Inhalt »Namaste! Gerne melde ich mich nach meinem einwöchigen Yoga Retreat in Bali wieder bei Ihnen!«

An dieser Stelle muss ich wohl nicht erwähnen, dass ich nie geplant hatte, wirklich ein Yoga Retreat zu machen (geschweige denn im mit Touristen überfüllten Bali!), oder? Die einzige Yogapose, die ich ohne Probleme hinbekomme, ist die, bei der man reglos am Boden liegt. Mein »Yoga Retreat« diente in diesem Fall nur als Vorwand, eine Woche lang faul zuhause herumzulümmeln, ungestört die Vorweihnachtszeit zu genießen und gegenüber Arbeitskontakten eine gute Ausrede parat zu haben, um ausnahmsweise mal nicht auf ihre E-Mails und Anrufe zu reagieren.

Okay, wie die meisten meiner Lügen hatte ich auch diese Flunkerei nicht ganz durchgedacht: Weder hatte ich irgendwelche Hard Facts über Bali recherchiert, um etwaige Rückfragen zu beantworten, noch hatte ich mir vorab überlegt, was ich in dieser Zeit auf Instagram posten würde und beschloss einfach, der einzige Influencer zu werden, der auf Bali war und seine Community *nicht* minütlich mit Bildern der Insel niederspamte.

Nichtsdestotrotz kann ich an dieser Stelle bestätigen: Mein frei erfundener Urlaub war der größte Luxus, den ich mir seit Langem gegönnt habe – und dabei hat er noch nicht einmal etwas gekostet! Eine ganze Woche verbrachte ich damit, entspannt durch das weihnachtliche Wien zu flanieren, meinem Handy so wenig Beachtung zu schenken, als wäre es ein ungeliebtes Haustier, und auf offener Straße hinter die Biomülltonne zu springen, als ich eine Kollegin in der Ferne erblickte.

Durch eine dreiste Lüge fielen plötzlich alle beruflichen Verpflichtungen der Vorweihnachtszeit und dadurch auch viele meiner Stresssymptome weg, wodurch ich mich endlich auf den eigentlichen Sinn der Weihnacht konzentrieren konnte: Mich ohne Rücksicht auf Verluste gemeinsam mit meinen engsten Freunden zu betrinken.

Nach meinem Fake-Yoga-Retreat fühlte ich mich mindestens genauso entspannt wie nach einem echten und war positiv überrascht, dass im Anschluss absolut niemand am Telefon oder in Mails nach Details zu meinem Aufenthalt fragte (vermutlich, weil Yoga Retreats absolut langweilig sind und niemand gerne mehr darüber wissen möchte). Es muss nicht immer der herabschauende Hund sein; zur völligen Entspannung reicht es manchmal auch, in der Embryonalstellung im Bett zu liegen. Ich glaube, das wird meine neue Weihnachtstradition.

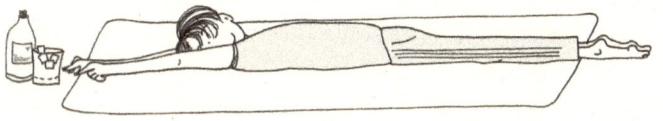

9. Sonstiges

Schaut, ich bin nicht mal ansatzweise perfekt und habe auch nie vorgegeben, es zu sein. Aus diesem Grund passen einfach nicht alle meine weihnachtlichen Hasspunkte fein säuberlich in eines der bisherigen acht Kapitel. Nun erwartet euch also ein ganzes Kapitel an Bonus-Hasspunkten, die ihr hoffentlich als köstliche kleine Überraschung seht, wie wenn man glaubt, dass die Weihnachtskekse alle sind und dann doch noch einen, der wohl vom Tisch gefallen ist, am Teppich findet. Nur zu, haut rein, ich sag's niemandem!

Ich hasse Leute, die mich ganz gestresst fragen, ob wir es schaffen, uns »noch vor Weihnachten« zu sehen, so als würde danach ein für alle Mal die Welt untergehen. Wenn es nach mir geht: Hoffentlich nicht! Wieso will eigentlich niemand im Juni mit mir abhängen? Da hätte ich wirklich *massig* Zeit. Entspann dich; wir haben doch sicherlich auch im nächsten Jahr noch Gelegenheit genug, immer wieder zu betonen, dass wir uns bald wieder zum Kaffee trinken treffen »müssen«, und es dann nie zu tun.

Der »Ugly-Christmas-Sweater«-Trend kann mir gestohlen bleiben. Warum soll ich viel Geld für einen hässlichen Pulli aus billiger Kunstfaser ausgeben, den ich nur in einem Monat des Jahres tragen kann? Als kapitalistisch-orientierter Mensch bin ich nun ständig am Überlegen, welche anderen hässlichen Dinge ich an hippe junge Menschen vermarkten kann, die sie dann »ironisch« um teures Geld kaufen. Wie wäre es mit hässlichen Haarschnitten, halbherzig reparierten Autos oder schlecht zubereitetem Gulasch, das ihr »ironisch« essen könnt?

Dieser Trend ist ohne Zweifel inspiriert von den *Bridget Jones*-Filmen, in denen Mark Darcy jedes Jahr zum traditionellen Truthahncurry-Buffett von Bridgets Mutter in einem hässlichen Weihnachtspulli auftaucht, und ich finde es immer wieder spannend, welche Dinge sich Leute aus Filmen mitnehmen. Nachdem ich *Bridget Jones* gesehen habe, habe ich keine Sekunde mehr an den Pulli gedacht, sondern erst mal mehr getrunken, wieder zu rauchen angefangen und hie und da belanglosen Gelegenheitssex genossen, aber jeder Mensch ist nun mal anders.

Ich hasse es, dass an Weihnachten alles teurer ist und ich beispielsweise für einen »Weihnachts-Teller« im Geschirrladen meines Vertrauens fünfmal so viel bezahlen kann wie für einen normalen Teller. Wenngleich ich aus genau diesem Grund selten etwas kaufe, was das Wort »Weihnachts-« beinhaltet, bin ich beeindruckt von dieser dreisten Marketingstrategie und hätte gerne ein Stück des (Weihnachts-)Kuchens! Kann ich fünfmal so viel für meine Comedyauftritte verlangen, wenn ich sie als »Weihnachts«-Auftritte vermarkte und dem Publikum am Schluss einfach frohe Festtage wünsche? Ich muss meine Agentin anrufen!

Wie blöd, dass ich meinen Postboten nie rechtzeitig vor den Feiertagen erwische, um ihm frohe Weihnachten zu wünschen und diskret einen Geldschein zuzustecken, als wäre ich eine großzügige Tante auf einer Familienfeier. Ich habe einen sehr charmanten Postboten, mit dem ich das ganze Jahr über nett plaudere, aber sobald es Dezember wird, ist er schwerer aufzufinden als Carmen Sandiego. Dann erwische ich mich dabei, wie ich Dinge bestelle, die ich auch ganz einfach nebenan kaufen könnte, nur um ihn möglicherweise anzutreffen und komme mir vor wie ein verrückter Protagonist mit einer ausgeprägten Stalker-Ader aus einer problematischen RomCom der 90er-Jahre. Ohne Zweifel werden meine Bestellungen dann von einer Person geliefert, die ich in meinem ganzen Leben noch nie gesehen habe und der ich bestimmt nicht den dekorativ gefalteten Geldschein für meinen Lieblingspostboten überreichen werde. Letztes Jahr habe ich meinen Postboten dann, nach mehreren gescheiterten Versuchen, ihn an meine Wohnungstür zu bekommen, in freier Wildbahn auf der Straße gesichtet und bin ihm sofort hinterhergelaufen, um ihm frohe Feiertage zu wünschen und ihm als Dankbarkeit für unsere »besondere Beziehung« ein bisschen Weihnachtsgeld zu überreichen. »Vielen Dank«, sagte er mit einem leicht verwirrten Blick in seinen Augen, bevor er: »Und liebe Grüße an ihre Gattin!« hinzufügte; ein für alle Mal Beweis dafür, dass ich – anders als vermutet – *nicht* der liebste Kunde meines Postboten bin, er keinen blassen Schimmer hat, wer ich bin und unsere »besondere Beziehung«, wie das leider sehr oft der Fall ist, nur in meinem Kopf existierte.

Ich hasse es, wenn Leute mich als Grinch bezeichnen, nur weil ich den Feiertagen kritisch gegenüberstehe. Zugegeben, manchmal dauert das bei der Weihnachtsstimmung ein bisschen bei mir, aber das ist kein Grund, mich wie ein trauriges Kind aus einem Weihnachtsfilm zu behandeln, das den Glauben an den Weihnachtsmann verloren hat, nur weil ich nicht bereits am 1. November in einem aus Lametta gefertigten Glitzeroutfit durch die Wohnung steppe und »Jingle Bell Rock« singe, während ich kokett eine Zuckerstange schwinge. Woher kommt überhaupt der Zwang, an den Feiertagen gut drauf sein zu *müssen*? Besonders jene meiner Freunde, die bereits im Herbst anfangen, »All I Want for Christmas Is You (Extra Festive Version)« zu hören, scheinen kurz davor, mir die drei Geister aus Charles Dickens' »Weihnachtsgeschichte« aufzuschwatzen, falls ich es ihnen nicht sofort gleichtue. Mach dir mal keine Sorgen um meine Weihnachtsstimmung, Bianca! Gib mir einfach ein bisschen Eierlikör und Weihnachtsgans, und das Ding läuft wie von selbst.

Warum nur diese hohen Erwartungen an das Weihnachtsfest? Eigentlich ist der Heilige Abend ja zum Scheitern verurteilt und bekommt keine faire Chance, denn die Erwartungen sind einfach viel zu hoch, wenn man mindestens vierundzwanzig Tage vorher anfängt, ihm entgegenzufiebern. »In 24 Tagen ist es so weit: Der beste Tag das Jahres ist endlich daaaa!«, scheinen die besonders anstrengenden Menschen in meinem Umfeld zu rufen, bevor sie wild im Kreis laufen und energisch grölend ihre Fäuste in die Luft strecken, wie Hooligans bei einem Fußballspiel. Eine Zeit

171

lang habe ich mich mitreißen lassen und lebte mit Elchge-weihen im Haar in unbändiger, täglich steigender Vorfreude auf den 24. Dezember, nur um dann völlig enttäuscht zu werden, wenn dieser Tag nicht wie von magischer Zauber-hand *der beste Tag des Jahres*, sondern einfach wie jeder an-dere Tag war, nur mit ein bisschen mehr Lametta. Ich wage sogar zu behaupten, dass die astronomisch hohen Erwar-tungen der Grund dafür sind, warum der Weihnachtsabend so oft ins Wasser fällt: Es bleibt unausgesprochen, aber den-noch sehr stark impliziert, dass heute ein *besonderer* Tag ist, an dem *nichts* schief gehen sollte und das löst in vielen Men-schen – verständlicherweise – solch einen Druck aus, dass sie sich erst recht bereits vormittags betrinken, einen Streit anzetteln oder vollkommen die Nerven wegschmeißen, sollte man sie eine Sekunde zu lang anschauen und dadurch den Eindruck erwecken, man erwarte sich eine »Tanz der Zuckerfee«-artige Showeinlage von ihnen. Entspannt euch doch bitte alle mal und trennt euch von eurer Erwartungs-haltung! Ich kündige ja auch nicht 24 Tage, bevor ich meine beste Freundin in ihrem Haus am Land besuchen komme, an, dass ich *jetzt bald komme* und schicke ihr vorab jeden Tag eine SMS mit dem Inhalt »Nur noch 22 Tage!!!«. Eher kündige ich meinen Besuch zwei Stunden vorher an, und dann auch gleich mit den Worten: »Aber bitte erwarte dir *nichts*, ich bin verkatert und schlecht drauf.« Wenn es dann trotzdem ein schöner Besuch wird: umso besser!

Wie kann man nur so blöd sein, das ganze Jahr an Weihnachten zu denken? Ein gesundes Maß an Weih-nachtsstimmung finde ich ja gar nicht mal schlimm, doch ich habe völliges Unverständnis für jene Leute, die bereits im Mai das erste Mal eine Weihnachtsplaylist auflegen und völlig unironisch in Frage stellen, warum denn nicht eigentlich öfter als nur einmal im Jahr – zum Beispiel *jeden Monat* – Weihnachten sein kann. Aussagen wie diese sind zumeist mein Signal, den stillen Alarm zu aktivieren und in vorsichtigen Rückwärtsschritten langsam den Raum zu verlassen. Eine Freundin von mir hat die prekäre Angewohnheit, ihren gesamten Freundeskreis per Massen-SMS am 24. eines jeden Monats wissen zu lassen, wie lange es noch bis Weihnachten ist. »Was für eine exzentrische Angewohnheit von meiner liebenswerten Freundin Monika!«, dachte ich mir anfangs noch, doch spätestens nach der vierten SMS sollte sich mein Gemüt ändern. Einmal war ich sogar zufällig am 24. März in Monikas Wohnung zu Besuch und musste schockiert feststellen, dass sie bereits an diesem Tag kurz nach Frühlingsbeginn Weihnachtsmusik hörte und Vanillekipferl im Backrohr hatte. »Alles okay bei dir?«, wollte ich wissen und stand kurz davor, Monika in die stabile Seitenlage zu bringen, weil sie offenbar gerade etwas ganz Schlimmes durchmachte. »Ja ja, so mache ich das am 24. eines jeden Monats«, sagte sie dann völlig nebenbei. »Erst schicke ich den kleinen Weihnachtsreminder an meine Kontaktliste aus und dann backe ich Kekse und höre Weihnachtsmusik, um so richtig in Stimmung zu kommen.« Für einen Tag, der neun Monate in der Zukunft liegt? Dein Zustand ist schlimmer, als ich dachte.

Ich hasse die Amerikanisierung des Weihnachtsfestes, und das nicht, weil ich so ein patriotischer Verfechter unserer tollen europäischen Traditionen bin, sondern weil es mir schlichtweg auf die Nerven geht, dass wir – sei es durch Filme oder das Internet – von der anderen Seite des Atlantiks *noch mehr* Traditionen angespült bekommen, die wir aufrechterhalten müssen. In anderen Worten: Nein danke, ich habe ob meiner vielen Termine ohnehin schon einen Stressausschlag und möchte nicht auch noch zu deinem Thanksgiving Dinner kommen, bei dem du sowohl Turkey als auch Tofu-rkey servierst und ich vor allen anderen Menschen sagen muss, wofür ich dankbar bin. Ich bin dankbar für die Einladung, aber noch dankbarer bin ich für den frei erfundenen Kabarett-Termin in Poppenbüttel (?), den ich mir ausgedacht habe, um nicht kommen zu müssen.

Eine mir ebenso äußerst verhasste amerikanische Tradition – auch wenn sie in meinem kinderlosen Leben nun wirklich keine Rolle spielt – ist übrigens der *Elf on the Shelf.* Über die sozialen Medien bekomme ich mit, dass befreundete Eltern sich wahnsinnigen Stress damit machen, eine kleine Elfenpuppe an jedem der 24 Adventstage an einem anderen Ort in ihrer Wohnung zu platzieren und ihn bei einer anderen Tätigkeit zu zeigen, um den Kindern zu suggerieren, dass der Elf *immer zusieht,* so als wollten sie ihre Kids bereits so früh wie möglich auf eine Karriere im *Big Brother* Container vorbereiten. Und was für ein Stress für die armen Eltern, die sich, während ihre Kinder schlafen, 24 verschiedene Aktivitäten für die kleine Puppe einfallen lassen müssen – so viel unternehme ich ja nicht mal im Dezember und ich bin, wie wir alle wissen, gut gebucht! Wäre es meine Aufgabe, die Puppe jede Nacht umzupositionieren, würde ich wahrscheinlich bereits an Tag 3 eine Storyline etablieren, in der der Elf dabei zu sehen ist, wie er alleine mit einer kleinen Schnapsflasche (auf deren Etikett stilecht »XXX« steht) an einer Klippe sitzt, bevor er an Tag 4 nur noch unansprechbar am Boden liegt, woraufhin er an Tag 5 in eine kleine »Entzugsklinik für Elfen« eingeliefert wird und wir die nächsten 28 Tage Ruhe von ihm haben.

Weihnachtszeit als Showtime für Konflikte. Pünktlich zum 24. Dezember heißt es dann: Manege frei für all die Ressentiments, die sich in den letzten 365 Tagen in mir angestaut haben. Wenngleich der Heilige Abend meinem Herzen nicht ferner sein könnte, finde ich es dann doch immer schade, dass manche Menschen gerade an diesem Tag wie ein brodelnder Druckkochtopf sind, der früher oder später explodiert. Kannst du vielleicht noch ein bisschen länger brodeln, so bis zum weniger beliebten 26. Dezember? Oder wie wäre es, wenn du dich nicht immer so theatralisch verhältst wie ein Bösewicht in einem *Bond*-Film und einfach lernst, deine Probleme ein bisschen früher anzusprechen, anstatt an einem ohnehin schon dezent überfordernden Tag auch noch eine fette Bombe platzen zu lassen?

Ich hasse die gezwungene Fröhlichkeit in der Weihnachtszeit, in der einfach keine anderen Emotionen als quietschfidele Freude erlaubt sind. Ich glaube, diese viel zu hohe Erwartungshaltung trägt dazu bei, dass viele von uns in den Weihnachtsfeiertagen die Nerven wegschmeißen. Vielleicht ist es Zeit für ein Rebranding. Was, wenn wir Weihnachten nicht als »Fest der Freude und Liebe« sehen, bei dem wir alle unser bestes Verhalten an den Tag legen müssen, sondern vielmehr als »ganz nettes Treffen zwischendurch, bei dem wir uns vielleicht nicht unbedingt gegenseitig die Köpfe abreißen sollten, aber durchaus unseren echten Emotionen Ausdruck verleihen dürfen, wenn uns danach ist«. Mir persönlich wäre es dadurch schon um einiges leichter.

Schade, dass Weihnachten weniger magisch wird, je älter man wird. Als Kind war die Weihnachtszeit meine liebste Zeit des Jahres. Zugegeben, wie die meisten Kinder hatte auch ich generell eher wenige Beschwerden und habe mich durchgehend wie der Gast in einem Hotel mit sehr guten Tripadvisor-Bewertungen gefühlt. Doch die Weihnachtszeit war besonders magisch: Plötzlich war es völlig normal, nahezu durchgehend Zucker zu konsumieren, und wenn ich mich nicht wie ein absolutes Monster verhielt, gab es am Schluss auch noch Geschenke von einem magischen Wesen, das ich noch nicht mal auf die Wange küssen musste, wie meine bärtige Tante Roberta, nachdem sie mir einen 100-Schilling-Schein gegeben hatte. Doch irgendwann erfährt man, dass das magische Wesen nicht existiert, sondern gestresste Erwachsene die vielen Geschenke gekauft und einen die letzten acht Jahre lang angelogen haben. In Jugendjahren wird man sich seines Körpers und »gesunder Ernährung« bewusst und sieht die vielen vorweihnachtlichen Süßigkeiten nicht mehr wie eine willkommene Überraschung, sondern vielmehr wie den verlockenden roten Apfel im Garten Eden an, den man so gerne essen will, aber eigentlich nicht »sollte«. Apropos »sollte«! Je älter man wird, desto öfter verwendet man dieses fürchterliche Wort in der Weihnachtszeit: Ich sollte noch ein Geschenk für Oma finden, sollte mal eben bei dieser Weihnachtsfeier vorbeischauen, sollte meine Wohnung aufräumen, bevor die Gäste kommen, sollte vielleicht schon Lebensmittel für die Feiertage einkaufen und eigentlich sollte ich dieser wohltätigen Organisation mit den aufdringlichen Werbern auf der Straße auch mal wirklich was spenden, anstatt immer hektisch weiterzulaufen, denn immerhin ist ja Weihnachten – das Fest der Schuldgefühle! Mensch, manchmal wäre ich wirklich gerne wieder Kind.

Ich hasse es, dass Weihnachten jedes Jahr früher anfängt. Mittlerweile sollte ich ja schon daran gewöhnt sein, dass ich bereits im Oktober zum ersten Mal im Supermarkt »Last Christmas« über mich ergehen lassen muss oder im Coffeeshop meines Vertrauens ab Mitte September die Option bekomme, meinem liebsten Heißgetränk für einen enormen Aufpreis »festlichen Lebkuchen-Sirup« beigeben zu lassen, und dennoch schockieren mich diese Dinge Jahr für Jahr bis ins Mark. »Es ist einfach viel zu früh und das fühlt sich völlig falsch an!«, denke ich mir dann, während ich in einem Kurzarm-Shirt in der Sonne sitze, die Bienen beobachte und genüsslich an meinem Gingerbread-Latte nippe. Kommt es nur mir so vor, oder geht Weihnachten *wirklich* jedes Jahr früher los? Wo soll das hinführen? Werden wir in nicht allzu ferner Zukunft unsere Weihnachtsbäume bloß im Januar kurz wegräumen und sie im nächsten Monat gleich wieder aufstellen, weil die Marketing-Menschen in einem ihrer Meetings einstimmig beschlossen haben, dass Weihnachten ruhig schon im Februar losgehen darf?

Ich hasse es auch, dass Weihnachten »intern« noch viel früher losgeht. Alle Leute, die sich mit Gusto darüber aufregen, dass es schon ab Oktober Lebkuchen im Supermarkt zu kaufen gibt, haben offenbar noch nie in den Medien gearbeitet. Bereits im August erhalte ich die ersten Presseaussendungen, um mich auf die neuesten Produkte und Aktionen für die Weihnachtszeit aufmerksam zu machen. Besonders findige Influencer-Kollegen fragen mich gerne auch schon im September, ob ich mir schon einen »Contentplan für die Weihnachtszeit« gemacht oder gar schon ein paar Fotos für diese Zeit geschossen habe. Ähm … nein? Suggeriert der Wortteil »Insta« in »Instagram« nicht, dass das spontan passieren sollte? Allerdings amüsiert mich der Gedanke, dass sich manche Menschen bereits im September in ihre schweren Weihnachtspullis schmeißen und schwitzend Weihnachtskekse zubereiten. Respekt, das könnte ich nie machen, denn leider ist mein Aussehen nicht so konstant wie das einer Cartoon-Figur, und es kann sehr gut sein, dass ich in den kommenden vier Monaten dreimal meine Frisur ändere oder fünf Kilogramm zunehme, was mir die Vorproduktion schier unmöglich macht.

Sagt mir bloß nicht, dass »Weihnachten im Herzen stattfindet«. Einmal war ich zu Gast in einer Talkshow, gemeinsam mit einer äußerst spirituellen österreichischen Moderatorin, die im Rahmen des gemeinsamen Interviews enthüllte, dass sie manchmal vier Stunden am Tag spazieren geht und außerdem findet, dass »Weihnachten im Herzen stattfindet«. Für sie, so erklärte sie dann, sei es auch Weihnachten, wenn ihr im Juni ein fremder Passant auf der Straße zulächele. Okay! Für mich ist Weihnachten im Dezember.

Mich nervt, dass viele Leute nur an Weihnachten Gutes tun, vermutlich, um das schlechte Gewissen zu beruhigen, das ihnen unbewusst von rührenden Weihnachtswerbungen oder besinnlichen Christmas-Songs eingeredet wird. Es reicht schon, wenn ich nur einmal »Do They Know It's Christmas?« höre und ich bekomme schon das Verlangen, durch die Straßen zu ziehen und Geldscheine auszuteilen, als wäre ich Oprah. Ich beziehe mich mit diesem Hasspunkt konkret auf dieses eine Mal im – *natürlich* – Dezember, als ich in einer Suppenküche ausgeholfen habe und eine Person von der wohltätigen Einrichtung meinte: »Irgendwie kommen die Leute nur im Dezember aushelfen, ab Januar kommt niemand mehr hierher.« Ich konnte nicht mal ergriffen etwas sagen wie: »Au Backe, das ist ja fürchterlich!«, weil ich selbst ja ebenfalls im Dezember da war, da in diesem Monat besonders stark Nächstenliebe gepredigt wird. Die Wahrheit ist: Gutes tun und anderen helfen hat immer Saison, und seit diesem Dezember gebe ich mein Bestes, auch unter dem Jahr anderen Leuten zu helfen und nicht nur, wenn ich das Gefühl habe, dass es saisonal gerade herrlich auf Instagram passen würde.

Ich mag keine Leute, die über Weihnachten Urlaub machen, vor allem, weil ich verdammt neidisch auf sie bin. Ich werde wohl nie in meinem ganzen Leben die Chuzpe haben, traditionelle Weihnachten ausfallen zu lassen und sie stattdessen am Sonnendeck des *Seven Seas Explorer* zu verbringen. Jedes Mal, wenn ich kurz davor stehe, einen Weihnachtsurlaub zu buchen, kommen auch schon die Schuldgefühle an die Oberfläche: »Aber meine Großmutter ist schon so alt, ich würde gerne das Weihnachtsfest mit ihr verbringen!« – »Ich würde so gern das Funkeln in den Augen meiner Nichten mitbekommen, wenn sie den Weihnachtsbaum sehen!« Manchmal bekommt im gleichen Gedankengang wieder meine zynische Seite die Überhand: »Aber Michi, mach dir nichts vor! *Jeder* – selbst deine Oma und deine Nichten – denken sich bestimmt manchmal auch: ›Puh, es wäre eigentlich ganz fein, Weihnachten einmal ausfallen zu lassen‹, trauen es sich aber einfach nicht zu sagen!« Liebe Leserinnen, liebe Leser, in einem Jahr habe ich sogar all meinen Mut zusammengefasst und gegenüber Freunden und Familie meinen Wunsch eines abgesagten Weihnachtsfestes ausgesprochen, in der Hoffnung, dass sie mir mit: »Endlich sprichst du aus, was wir uns alle denken! Danke, Michi!« antworten, bevor sie mich auf einem Stuhl durch die Gegend tragen und meinen Namen skandieren. Weit gefehlt, stattdessen sollte ich meinen Vorschlag sofort im Keim erstickt sehen: »Nein, absolut nicht, kommt gar nicht in die Tüte!«, erwiderten vereinzelte Familienmitglieder. »Weihnachten wird gemeinsam verbracht!« Okay, na gut, einen Versuch war's wert!

Ich hasse, dass man Weihnachten sofort wieder Kind wird. Es reicht schon, wenn meine Mutter, wie jedes Jahr, auch nur den Vorschlag ausspricht, dass ich dieses Jahr an Weihnachten, obwohl meine eigene Wohnung nur 40 Autominuten entfernt ist, gerne in meinem alten Kinderzimmer übernachten oder dort zumindest ein kleines Nickerchen machen soll, um mich wieder in einen 13-jährigen Jungen zu verwandeln. Kaum habe ich mein altes Zimmer – mit seiner knallorangenen Wandfarbe und den rückblickend betrachtet gar nicht mal so subtil homoerotischen Postern von Boybands – auch nur betreten, tut sich auch schon ein Raum-Zeit-Portal auf, durch das wir alle plötzlich ins Jahr 2005 katapultiert werden, als George W. Bush noch US-Präsident und »Schnappi, das kleine Krokodil« der heißeste Song in den Charts war. Nach meinem Nickerchen bekomme ich sofort das Gefühl, mich leise aus meinem Zimmer schleichen zu müssen, um meine Eltern nicht zu wecken, und durch mein sensorisches Gedächtnis sofort auch das brennende Verlangen, mich in die Dorfdisko zu schleichen und dort einen Malibu Orange zu trinken, während ich ängstlich an einer Zigarette nuckle. Nein, danke! Da halte ich mein Nickerchen lieber zuhause ab.

Ich habe keine Lust, Verwandten während der Weihnachtsfeiertage zu zeigen, wie etwas auf ihrem PC oder Fernseher funktioniert. Ich sage »Hey, ich komme an Weihnachten einen Sprung bei euch vorbei!«, aber alles was sie hören ist: »Gratis zweistündige Technikberatung von Michi!« Ich bin ja selbst schuld: Ich hätte damals im Jahr 2009, als alle panisch nach Omas Handy gesucht haben, einfach nicht die geniale Idee haben dürfen, sie doch einfach von einem anderen Handy aus anzurufen, denn nun gelte ich als »Technikexperte« der Familie und trage die schwere Last, mich auf jeder Feier den spinnenden technischen Geräten meiner Verwandtschaft anzunehmen, obwohl ich mich beim besten Willen auch nicht so gut mit Tante Gittis Fernseher und seinen drei Fernbedienungen aus-kenne.

Ich mag den Weihnachtswahnsinn nicht jedes Jahr aufs Neue mitmachen. Am Ende eines jeden Dezem-bers bin ich gestresst, habe bestimmt 35-mal geweint und schwöre hoch und heilig: *Nie wieder!* Nächstes Jahr wird Weihnachten ganz anders, und total reduziert. Wer weiß, vielleicht verbringe ich es ja auf einer einsamen Insel in der Karibik? Doch im Laufe des kommenden Jahres vergesse ich im Handumdrehen, wie nah ich am Rande des Wahn-sinns zu schwungvoller Weihnachtsmusik getanzt habe. Quietschfidel knabbere ich mein eigenes Körpergewicht in Weihnachtskeksen und nehme sämtliche Einladungen zu Weihnachtsfeiern an, die ich bekomme. »Was soll schon schief gehen?«, frage ich mich dann, naiv wie ich bin. »Ich bezweifle, dass mich all diese Verpflichtungen in drei Wo-chen stressen werden. Vielleicht ist ja auch noch ein kleiner Weihnachtsurlaub mit meiner gesamten Familie und der er-weiterten Verwandtschaft drin? Wir sehen uns doch so sel-ten und das stelle ich mir harmonisch und absolut nicht fürchterlich vor!« Ach, Michi, du lernst wirklich nie dazu. So nimmt das Unheil seinen Lauf. Ich begehe jedes Jahr die gleichen Fehler, ohne mich daran erinnern zu können, wie schlecht es mir dadurch im Vorjahr ging. Ich glaube langsam schon, das ist der wahre Zauber der Weihnacht.

Weihnachten ist, was du daraus machst

Nach genauerer Lektüre dieses Buches solltet ihr nun bereits festgestellt haben, dass ich die Sorte Person bin, die an so gut wie allen Lebenssituationen etwas auszusetzen findet. Wie ein Trüffelschwein des Hasses gelingt es mir immer und immer wieder, das Glas halbleer zu sehen und selbst den schönsten Momenten etwas Negatives abzugewinnen. Jemand könnte mir auf der Straße feierlich 10 000 Euro überreichen und ich würde hinterher sagen: »Okay, das war ganz nett, aber irgendwie mochte ich seinen komischen Blick nicht …«

Trotz meiner schwarzmalerischen Attitüde habe ich mit fast 30 Jahren genug motivierende Kelly-Clarkson-Songs gehört, um zu wissen, dass man Situationen, die einen stressen, nicht aushalten muss, sondern sie auch einfach ändern kann. Mittlerweile weiß ich: Wenn mir eine Freundschaft mehr nimmt, als sie mir gibt, kann ich sie auch beenden. Wenn mir mein Frisör bei einem Besuch das Ohrläppchen abschneidet, muss ich ihn nicht aus Mitleid noch öfter besuchen. Und wenn mir meine Weihnachtstraditionen nicht gefallen, darf ich sie auch ändern. Das nicht zu tun, wäre auch ein bisschen wahnsinnig, so als würde ich jeden Tag straußweise Koriander essen, obwohl ich Koriander hasse.

So kam es, dass ich nach 28 Jahren immerzu identischer, mit meiner Familie verbrachter Weihnachtsfeste den Entschluss fasste, mich am 24. Dezember nicht in ein Auto zu setzen und von einer Familie zur nächsten zu tuckern, sondern diesen Tag einfach mal nur mit meinem Freund in unserer gemütlichen Wiener Wohnung zu verbringen und absolut nichts zu tun, was uns auch nur in irgendeiner Weise stresst. Wer weiß, vielleicht würden wir uns sogar einfach eine Pizza bestellen und uns um 20 Uhr schlafen legen? Die Möglichkeiten im Rahmen dieser radikalen Traditionsbruch-Fantasie erschienen mir endlos.

Ich kann mich noch erinnern, wie nervös ich war, meiner Familie diese krasse Idee zu pitchen. Genauso stellte ich mir den Nervenkitzel vor, den Kandidaten bei *Die Höhle der Löwen* verspüren, bevor sie vor die Investoren treten. Gewiss in der Annahme, dass ich sehr viel Überzeugungsarbeit leisten werden müsse, habe ich sogar mit dem Gedanken gespielt, eine PowerPoint-Präsentation zu erstellen, in der ich meinen Standpunkt auch noch mal visuell veranschauliche. »Mama, Papa, dieses Jahr würde ich Weihnachten gerne ... in Wien verbringen!«, sagte ich dramatisch, so als hätte ich soeben verkündet, für immer nach Australien zu ziehen.

Rückblickend betrachtet bin ich sehr froh, dass ich noch nicht mit der Arbeit an einer umfangreichen PowerPoint-Präsentation angefangen hatte, denn meine Eltern hätten gar nicht leichter zu überzeugen sein können. Wenngleich ich vermutet hatte, dass sie mich von meinem Plan abbringen und vielleicht sogar einen Song namens »All We Want for Christmas Is ... Michi!« singen würden, war das genaue Gegenteil der Fall. Ich hatte meinen Satz eigentlich noch gar nicht so richtig zu Ende gesagt, da haben Mama und Papa auch schon einstimmig: »Ja, gar kein Problem!« gerufen –

fast so, als wäre ihnen diese Veränderung eigentlich ganz recht. War ich etwa nicht der Einzige, dem die alten Traditionen schön langsam auf die Nerven gingen?

Seitdem ist Weihnachten so, wie ich es mir immer gewünscht, aber nie für möglich gehalten habe: Ein Tag frei von Verpflichtungen oder Stress, an dem wir wirklich alles machen können, was wir wollen. Mal bedeutet das, lange zu schlafen, bereits vormittags Alkohol zu trinken und den restlichen Tag mit Filmen am Sofa zu verbringen. Andere Male laden wir Familie und vereinzelte Freunde, die an Weihnachten noch nichts vorhaben, zu uns ein. Das fühlt sich dann immer an wie das feierliche Ende eines Weihnachtsfilms, bei dem der grantige Protagonist (das bin dann wohl ich) verkündet, dass in diesem geselligen Beisammensein der eigentliche Sinn der Weihnacht steckt.

Klar, das Durchsetzen neuer Traditionen kostet ein bisschen Überwindung und natürlich verzichte auch ich nicht komplett auf Verwandtschaftsbesuche: In den Tagen zwischen dem 25. und 30. Dezember besuche ich vereinzelt Verwandte, die ich gerne sehen möchte – oder von denen ich mal zu erben hoffe. Dennoch bin ich froh, dass ich diesen Schritt gewagt habe, da ich zum ersten Mal seit Langem sagen kann, was ich nie für möglich gehalten hätte: »Ich freue mich schon auf Weihnachten!«

Danksagung

Nun, da ich mich ein ganzes Buch lang über Dinge und Menschen beschwert habe, die ich partout nicht leiden kann, scheint es mir nur richtig, ein paar Worte des Dankes an jene Leute zu richten, die meiner Meinung nach astrein sind und mich tatkräftig bei der Entstehung dieses Buchs unterstützt haben.

An erster Stelle bedanke ich mich herzlich bei Sophie Boysen vom Heyne Verlag, die sehr offen und begeistert auf meinen Vorschlag reagiert hat, ein Buch des Hasses über das Fest der Liebe zu schreiben. Danke für die gute Zusammenarbeit!

Dass meine Managerin Julia Sobieszek der größte Weihnachtsfan ist, den ich kenne und dieses Projekt dennoch von Sekunde Eins an tatkräftig unterstützt hat, rechne ich ihr sehr hoch an.

Bei Henning Thies, meinem Lektor, bedanke ich mich für die hilfreiche und schöne Zusammenarbeit – sie war mir mal wieder ein absolutes Vergnügen!

Liebe Inka Hagen – vielen Dank für deine herrlichen Illustrationen in diesem Buch, mit denen du den in mir brodelnden Weihnachtshass optimal dargestellt hast.

Bei meinem Lebensgefährten Dominik bedanke ich mich dafür, dass er es mittlerweile völlig normal findet, wenn ich einfach mal für ein paar Wochen ganz alleine in eine Hütte weit weg im Wald fahre, um dort irgendwas über Hass zu schreiben. Mit dir an meiner Seite wird selbst Weihnachten erträglich.

Nicht zuletzt möchte ich mich bei meinem treuen Publikum bedanken. Ich freue mich unglaublich darüber, dass ihr meine Inhalte konsumiert, mich bei meinen zahlreichen Vorhaben unterstützt und noch immer nicht die Nase gestrichen voll von mir habt. Danke!